전석홍
자서전

삶은
선택의 과정이다

새로운 세상의 숲
신세림출판사

발간하면서

　시골에서 태어나 오랜 삶의 여행을 했다. 아름다운 여행길에 따뜻한 가족이 있어 행복했다.
　고향에서 초등학교를 다닌 뒤 목포에서 중고등학교를 거쳐 서울에 올라와 대학을 마쳤다. 나를 돌보아준 가족들의 뒷받침 덕택이었다.

　사회활동의 문을 열어준 고등고시 행정과에 합격하여 공직의 길을 걸었다. 궁핍에서 벗어나기 위한 산업화시대에 공직자가 하나의 국력이라는 긍지를 가지고 동시대의 동행인들과 함께 열심히 일한 시절의 체험은 온몸에 스며 생생하다. 공직의 마지막엔 정치권에 입문하였으며, 꿈이었던 시를 쓰고 싶어 정계를 은퇴하고 시 쓰기에 몰두했다.

　내가 거쳐 온 여정은 선택의 과정이었다. 더러는 타의에 의한 선택도 있으나 대부분의 과정은 내가 선택해서 걸어 온 삶이었다. 그래서 '삶은 선택의 과정이다'라는 명제가 내 마음에 각인되었다.

 공직에서 활동한 선택적 기록보다는 내가 태어나서 어떤 환경 속에서 어떻게 자랐으며 어떤 경로를 거쳐 왔는가를 '우리 아이들'에게 알리고 싶어 연대순으로 얘기 삼아 이 글을 쓴 것이다. 삶의 출발점에서 나를 키워준 가족들에 대한 얘기도 내가 커 오면서 보고 느낀 대로 써 두었다.

 나의 삶에 도움이 되어주신 모든 분들에게 감사를 드린다.

2025년 9월 10일

목 차

발간하면서 04

1. 나의 가족 13
    (1) 나를 키워준 보금자리 ...13
    (2) 나를 키워준 가족 ...16
    (3) 내가 이끈 가족 ...27

2. 배움의 길로 33
    (1) 해방 전후의 시기 ...33
    (2) 전기과에서 인문계로 ...47

3. 공무원이 되다 69

4. 일선행정의 책임자가 되어 81
    (1) 관문행정을 담당하다 ...81
    (2) 군 행정은 군에서 ...90

5. 광주시장으로 취임해서 97

(1) 깨끗하고 푸른 광주 가꾸기 ...98

(2) 동부진입로 개설 ...99

(3) 중앙로 개설 ...100

(4) 시립교향악단 창단 ...101

(5) 시립무용단 창단 ...102

(6) 시장 안 갈 거요? ...103

(7) 국립광주박물관 위치 선정 ...106

(8) 가사문학의 길 ...108

(9) 문화 관련 여담 ...109

(10) 광주시정과 물 이야기 ...110

(11) 무등산 정화사업의 추진 ...111

6. 충청북도 부지사로 취임하다 115

7. 내무부에서 근무하다 123

(1) 광주단지에서 성남시 승격까지 ...124

(2) 국토가꾸기 ...130

(3) 소도읍가꾸기와 기능화 ...135

(4) 특수사방 ...137

(5) 새마을운동 ...142

(6) 석홍이 니가 해라 ...147

(7) 도로포장사업을 추진하다 ...150

(8) 헌법위반 아닙니까? ...152

(9) 내 고장 뿌리찾기운동 추진 ...157

(10) 건전한 도시개발을 위하여 ...158

8. 전라남도 도지사가 되어 163

(1) 광주종합문화예술회관 건립 ...164

(2) 광주(염주)실내체육관 건립 ...169

(3) 왕인박사유적지 정비사업 추진 ...171

(4) 광주시의 광역시 승격 과정 ...185

(5) 광양컨테이너부두사업 추진 ...191

(6) 대불공단의 추진 ...195

(7) 광양배후도시개발 ...201

(8) 신 국장, 고인돌공원 어때요? ...205

(9) 농업박물관 건립 ...210

(10) 창(唱)의 고장 ...214

(11) 800만원만 지원해 주시요 ...220

(12) 선사주거지를 복원하여 교육장화 합시다 ...221

(13) 도지사가 그것도 모르시오? ...223

(14) 지방문화재 지정 ...226

(15) 조대(釣臺)를 살립시다 ...236

(16) 약무호남시무국가(若無湖南是無國家) ...238

(17) 문화유산 보존을 위하여 ...242

(18) 향교와 사찰에 관심을 기울이다 ...246

(19) 전 읍면 현지에 가다 ...248

(20) 남은 이야기 ...252

9. 국가보훈업무를 맡다 265

10. 정치에 입문하다 269

(1) 전라남도 도지사로 입후보하다 ...269

(2) 전국구국회의원으로 가라 ...273

(3) 전남도지부 위원장을 맡다 ...275

(4) 의원님, 거짓말 좀 하십시요 ...278

(5) 대불공단 철도인입선사업과 무안국제공항 ...280

(6) 입법 관련 사항 ...282

11. 시인의 길로 287

(1) 정계 은퇴를 하고 ...287

(2) 나의 사상과 시 그리고 시간 ...296

12. 마지막 봉사의 길 303

전석홍 연보 ...313

01

나의 가족

나의 가족

(1) 나를 키워준 보금자리

　내가 태어나서 자라난 보금자리는 영암군 서호면 장천리(장동부락) 712번지이다. 은적산 줄기가 동녘을 향해 내달리다가 멈추어선 동산 아래 자리하고 있다. 뒷동산에는 대나무들이 방풍림을 이루어 따스하고 철따라 뻐꾹새 소리, 소쩍새 소리, 산비둘기 소리가 어릴 적 고향새 소리로 내 귓불에 박혀 있다.
　우리 집은 해묵은 장두감나무를 사이에 두고 남향의 안채와 동향의 사랑채가 배치되어 있었다. 사랑채 옆에는 널따란 텃밭이 딸려있어 터전이 넓었다. 당초 안채만 있었으나 내가 어렸을 때 큰댁이 이사 가면서 그 집을 인수하여 사랑채를 지었다. 사랑채에는 맨 위쪽에 골방이 있고 사랑방과 마구간, 방앗간, 대문이 딸렸다. 골방은 일제 시 미곡 수탈이 심해 미곡을 감추기 위해 지하창고를 둔 위장 방이었으며 한때 내 공부방으로 쓰기도 했다.

그 뒤 안채를 개축해 부엌, 안방, 바깥고방, 안고방, 내 공부방, 할아버지 방이 새로 배치되어 마루에 연결된 내 공부방을 갖게 되었고 강진읍에 사시는 집안 대목(大木) 할아버지께서 '앉은뱅이책상'을 짜서 보내와 그 책상에서 공부에 집중할 수 있었다.

우리 선대가 언제 장동마을에 터를 잡았는지 기록으로나 전언(傳言)이 없어 정확히 알 수 없다. 다만 우리 마을에는 선사주거지(지방기념물 98호), 지석묘군17기(지방기념물 82호)가 있어 청동기시대부터 산수가 좋은 정착지를 잡아 사람들이 살아온 것으로 추정된다.

우리 선대는 이웃 마을 엄길리에 터를 잡아 입향한 것이 1504년(광해군 10)이다. 경기도 파주 교하 출신인 41세 사민(思敏)이 공조판서로 재임하다가 1398년(태조 7) 제1차 형제의 난인 무인정사(戊寅精社)에 연루되어 제주목사로 좌천되었다가 다시 고려 문인 이목은, 이초은 양현(兩賢)의 문집 교열시 직필(直筆)로 인해 1401년(태종 원년)에 강진군 작천면 퇴동(兎洞)으로 유배되었고 46세 승문(承文)때 엄길리로 옮겨와 정착하였다.

자손들 중 의병장 전몽성(全夢星), 몽진(夢辰), 몽태(夢台) 형제들과 2세들인 경홍(敬弘), 도홍(道弘), 여홍(汝弘)이 임진왜란, 정유재란, 이괄의 난 때 충의를 다하고 효성을 극진히 하여 공신록에 책록되고, 장동사(長洞祠)와 충효문(忠孝門)이 나라에서 내려졌으며 신도비(神道碑)가 세워져 충효의 표상으로 전승되고 있다.

전몽성 계 종가인 53세 이천(爾天 1673~1753) 때에 1685년 숙종의 명에 의해 장동마을에 의병장 전몽성을 기리는 장동사가 건립되었다. 이때 종손 이천은 10대이었으므로 종가가 엄길리에서 장동마을로 옮겨온 것은 그 전대인 52세 성시(聖時 1627~1670)때로 보아진다.

의병장 전몽성(함평현감, 증 병조참판)은 나의 13대조이다. 장남 여홍은 나의 12대조로 무과에 급제하여 이순신 장군 휘하에 들어가 노량대전에 참전하고 선무원종공신훈(宣武原從功臣勳)에 책록되었다.

몽성(夢星 49세) 계 자손인 성화(聖和 52세)의 셋째 아들이며 나의 9대조인 이협(爾協 1676~? 53세)이 종가에 이어 장동으로 이거해 온 것으로 보이며, 그 자손들이 장동을 중심으로 거주하고 있다.

나의 증조〈규석(圭錫) 1860~1905〉는 양자로 들어가 나는 이협계(爾協系)의 장손이 되었다. 나의 직계 선대들은 지금의 우리 집 집터를 잡아 계속 전승해온 것으로 보아진다.(2006년 8월 22일 건물을 철거하였음)

(2) 나를 키워준 가족

나는 대가족 가정에서 태어났다. 증조할머니〈이천서씨(利川徐氏)〉, 할아버지, 할머니, 아버지, 어머니, 막내작은아버지, 누님이 계셨다. 증조할머니는 사리에 밝고 활동적이었다 한다. 나를 무척 귀여워하셨으나 내가 태어난 해에 돌아가셨다.

할아버지(1886~1960)는 종영(鍾英)이며 자(字)는 창환(昌煥) 아호는 무송(茂松)이시다. 할아버지는 체격이 크셨다. 허리가 곧고 인물도 훤출했다. 목청이 쩌렁쩌렁했으며 교육열이 강했다. 할아버지는 늘 나에게 "나는 열일곱 살에 다 컸다." 하시면서 내가 빨리 크지 않은 것을 안타까워하셨다. 나의 부계(父系)는 모두 키가 컸으나 나는 모계(母系)를 닮아 키가 크지 않았다.

할아버지는 농촌 사정이 어려워 일본 오사카에 가셔서 취업하고 계셨다. 작은아버지〈임수(林洙)〉도 일본에 데려가 교육을 시키고 직장에 다니게 했다. 교육열이 강한 할아버지는 내가 초등학교 입학하기 전에 나의 교육을 위하여 숙부님을 일본에 두고 영구히 귀국하시어 집안일을 추스르셨다.

할아버지는 내가 어렸을 적 나에게 엄격하셨다. 매사에 일일이 간섭하시며 가르치셨다. 아침 일찍 일어나셔서 대빗자루로 마당을 쓰시면서 나를 깨워 마루에 나와 소리 내어 책을 읽으라 하였다. 조금이라도 더듬거리면 "짚으로 콩 엮듯 읽는다."고

나무라셨다. 그래서 할아버지 모르게 읽기 쉬운 대목을 골라 열심히 연습해 두었다가 막힘없이 읽으니 아무 말씀이 없으셨다.

밤에는 할아버지 옆, 사랑방 등잔 밑에서 천자문을 익히면서 붓글씨 연습을 했다. 할아버지는 입춘 때가 되면 벼루와 붓, 창호지를 마루에 갖다 놓고 입춘서(立春大吉 建陽多慶)를 쓰라고 하시었다. 한번은 글씨를 제대로 쓰지 못해 애를 먹고 있는데 아버지께서 가만히 오셔서 내 오른손 위에 손을 얹어 입춘서를 써내려 가는 것이었다. 할아버지는 모르신 척 하시면서 대문짝에 붙여 일년내내 우리 집 평안을 지켜주었다.

할아버지는 설과 추석 때면 나를 데리고 산소에 다니시며 누구 산소인지 되풀이해 알려주셨다. 그것이 무의식중에 나에게 교육이 되어 숭조정신(崇祖精神)이 몸에 박히었다.

할아버지는 언제 익히셨는지 여러 가지 농사법을 잘 알고 있었다. 삼을 심어 껍질을 벗겨, 삼실을 직접 꼬아 돗자리 날줄을 만들고, 왕골을 심어 껍질을 벗겨 돗자리 씨줄을 만들었다. 돗자리를 짜는 일은 아버지와 막내작은아버지의 몫이었다. 그 돗자리는 우리 집 방마다 깔리고 독천장에 가지고 나가 팔아서 학비에 보태기도 했다.

할아버지는 짚에 삼을 섞어서 삼짚신을 만들어 주시어 나는 자랑스레 신고 다녔다. 내 또래 친구들 중 나만 삼짚신을 신었다.

할아버지는 감농(監農)을 하였다. 들에 나다니시면서 물꼬를 보살피고 논밭 농사 되어 가는 것을 늘 둘러 보았다. 집에서 쇠죽을 쑤는 일은 할아버지 몫이었다. 마구간에 있는 작두로 여물을 썰 때, 할아버지는 작두를 밟고 나는 풀을 먹이는 일을 했다.

할아버지가 계셔서 나는 든든했다. 6.25의 어려운 시국을 만났을 때 나는 할아버지의 도움을 많이 받았다. 험한 시국이라 사람들이 몰려다니는 데에는 나가지 못하게 하고, 마을 사람들이 피란을 가야 할 때, 아버지와 함께 닭장 밑에 구덩이를 파, 내가 은신할 곳을 비밀리에 마련하여 거기에 피신해 있도록 해 주셨다. 갑자기 몸을 숨겨야 할 사태가 생겼을 때, 사랑채 골방 밑 곳간에 숨도록 해 주셨다. 그 안에는 미리 솜이불을 갖다 놓았다. 불안정한 사회분위기 속에서 나에게 할아버지 옆에만 있도록 하여 할아버지 그늘에서 공포스러운 시국을 넘길 수 있었다.

춘추가 연만해지신 할아버지는 두 가지 일을 하시는 것이었다. 첫째, 탕건을 만드는 일이었다. 탕건 기술자를 한 달 동안 사랑방에 데려다가 말총으로 탕건을 짜게 하는 것이었다. 그리고 그 탕건을 갓과 함께 쓰시고 향교, 문중 출입을 하시면서 흐뭇해 하셨다. 둘째, 선대 묘지의 이장에 힘을 기울이는 것이었다. 풍수를 데리고 다니시면서 묘 자리를 잡아 고조와 증조 묘 이장을 하고 명절에는 나를 데리고 성묘를 하시면서 묘 자리 자랑을 하시는 것이었다.

할아버지는 생전에 할아버지 묘 자리도 미리 잡아 거기에 영면해 계신다. 할아버지 묘 자리는, 어릴 적 내가 소를 잃어버린 적이 있는 구적골 큰듬병 산마루 암석지대로 석곽이 되어 있었다. 바위에 직사각형의 자리가 마련되어 있었고 바닥에는 고운 흙이 깔려 있었다. 나는 이를 직접 눈으로 보고 풍수가 무엇인가 알고 자리를 잡은 것이라는 생각을 가지게 되었다.

할아버지는 명예욕이 강하시었다. 특히 벼슬에 대한 동경심이 마음속에 깊게 자리 잡고 있었다. 격동의 세상을 살아오시면서 벼슬아치들이 크든 작든 서민의 일상생활에 영향을 미치는 것을 너무나 뼈저리게 느끼셨기 때문이었을 것이다. 그것이 교육열로 응결되었을 것이다.

그러나 할아버지는 내가 고시공부를 하는 중에 쓸쓸히 세상을 떠나셨다. 내가 고시합격할 때 꿈에 할아버지가 보이고 집 입구에 있는 박철현 선생님 논에 물이 찰랑찰랑 차 있었는데 나는 집을 향해 헤엄쳐 갔다. 할아버지께서 돌보아 주시었는가 늘 생각을 한다.

할머니(1885~1945)는 강진 작천면 군자리 출신으로 남평 문씨이시다. 댁호는 군자리댁이었다. 키가 크시고 얼굴은 길쭉하셨으며 인자하시었다. 3남 3녀를 키웠다. 언제나 자녀들 편을 들어 보호해 주셨다. 할머니는 바깥일은 안 하시고 집안에서 길삼 일을 도우셨다. 그래서 늘 집에 계시었다.

이 세상에서 나의 기억은 할머니 무릎에서 시작된다. 그 이전의 기억은 전혀 없다. 나는 할머니의 무릎에서 자랐다. 밑으로 동생〈기옥(棋玉)〉이 생겨서 나는 일찍 어머니 가슴을 떠나 할머니 무릎에서 자란 것이다. 항상 할머니 무릎을 베고 누워 놀다가 자고, 잠들기 전에는 할머니에게 옛이야기를 해달라고 졸랐다. 할머니는 "그래 해주지." 하시면서 언제나 똑같은 얘기를 반복해 주었지만 내게는 항상 새롭게 들렸다.

"옛날 옛적 춘 겨울 나라에 큰 난리가 났더란다. 모두들 피란 가고 막내만 남아 늙은 어머니를 모셨지. 눈이 펑펑 내려 집채를 덮었어. 아무도 모르는 은신처가 되었지. 집에 남은 어머니와 아들만 살아남고 피란 간 사람들은 모두 잡혀 죽었어. 한 사람 한 사람 목이 잘려 뒷동산 대밭에 휙휙 던져졌더란다."

이 이야기는 어버이에게 효성을 극진히 하는 아들은 살아남고 그러하지 못한 사람들은 목숨을 잃었다는 권선(勸善)을 내용으로 하고 있는 것이다. 아마도 동학란 때의 일화인 듯싶다.

서호강에 학파농장을 조성할 때, 성재리~양장리간(1.2km) 제방공사 물막이를 기념하는 행사로 목포에서 연예인을 데려다 칼춤을 춘다는 소문이 돌아 할머니 손을 잡고 구경 갔다. 어찌나 많은 사람들이 구름같이 모여들었던지 성재나루 무대 가까이 가지 못하고 먼 언덕에서 칼춤 구경을 하고 돌아온 기억이 할머니와의 유일한 나들이로 남아있다.

아버지(1905~1958)는 길수(吉洙)이시며 자는 경완(庚玩)이시다. 3남 3녀의 장남으로 체격이 크시었다.

농사일에 열중하셨고 막내작은아버지와 일꾼을 데리고 농사를 지으셨다. 겨울이면 막내작은아버지와 함께 사랑방에서 가마니와 돗자리를 짰다.

아버지는 구림초등학교를 다 마치지 못하고 중퇴하시었다. 당시에는 장천초등학교가 설립되지 않았을 때였기 때문에 이십 리 길을 걸어 구림초등학교에 다녀야 했다. 그러나 상당한 기초 지식을 구비하고 계셨다. 한문 실력도 있으셨으며 붓글씨도 잘 쓰셨다. 내게 지금도 인상 깊게 각인된 것은 어릴 적 입춘날이다. 입춘서(立春書)를 쓰는데 끙끙대고 있을 때 슬며시 다가오시어 나를 도와 주셨다. 초등학교 때 작문을 짓는데 막힌 대목이 있으면 나에게 오셔서 보시고 도움을 주시기도 했다. 특히 '한글날'이란 제목으로 작문을 짓는데 마무리에 애를 먹고 있는 나를 보시고 조언을 해주시어 학교에서 칭찬을 받기도 했다.

중학 시절 여름철의 일이다. 아버지께서 나와 동생〈기옥(棋玉)〉이 목포 자취하는 집에 오셨다. 나는 동생과 함께 아버지를 따라서 집에 다니러 오는데 배를 놓쳐 별 수 없이 목포항에서 용당 나루로 건너, 40리 길을 걸어서 신덕 외가에 들렸다. 저녁밥을 먹고 은적산 해미재를 넘어 집에 돌아오는 밤길에, 내가 맨 앞에 서고 동생은 가운데, 아버지는 맨 뒤에서 호위를 하셨다. 신덕에서 은적산 정상까지는 짧은 거리이나 가파르다. 거기에서 우리 마을까지는 완만한 긴 산길이다. 열두 골짝, 구적골은 소리 하나 없는 고요의 진공이었다. 이것이 오히려 공포심을 불러일으켰다. 마을 불빛이 보이는 순간, 반가움과 안도

감으로 꽁꽁 얼어붙은 마음이 풀어졌다. 세 부자가 적막의 깊은 산길을 걸어 집에 온 이때의 기억을 잊지 못한다.

아버지는 막내동생인 장수 숙부를 매우 귀애하셨다. 항상 막내작은아버지와 함께 들일, 산판일, 집안일을 하였다. 아버지가 마을회의에 못 나가실 때는 막내작은아버지를 보내, 뒤에 회의내용을 들으시곤 하였다. 막내작은아버지가 철의 삼각지 금화전투에서 전사하시어 전사통지를 받고 충격을 받아 사랑방에서 피를 토하신 것을 보았다.

6.25전란 때 아버지는 나에게 밖에 나가지 못하게 만류하였다. 그래서 집에서 책을 읽고 지내는 시간이 많았다. 아버지는 벼에 세금을 부과하기 위해 벼 모개에 달린 낱알을 일일이 세는 공산치하의 농지세 부과제도를 보시고 '이리해서는 농사를 지을 수 없다'고 한탄하셨다. 결국 공산치하는 벼농사에 세금을 부과하지 못하고 끝나고 말았다.

아버지는 나에게 관대하였다. 일체 간섭하지 않으시고 뒷바라지만 하셨다. 중학교 갈 때는 할아버지와 아버지께 목포공업중학교 전기과에 진학하는 것이 좋겠다는 신정구 담임선생님의 권고에 의해 공업중학교 전기과에 입학했지만 내가 소질이 맞지 않아 인문계 고등학교로 진학할 때도 나에게 맡기셨다.

고등학교 때 아버지는 내가 무슨 생각을 하고 있으며 어느 계통의 공부를 할 것인가에 대해 묻지 않으시고 관여도 안 하셨다. 나는 고등학교 2학년 마칠 때까지 철학을 전공하여 학자가 되고 싶어 문학(시)을 즐기면서도 철학 서적 독서에 열중하였다. 고향 집에 들를 때면 이웃에 사시는 박옥기(朴玉基) 어르신과 대화를 많이 나누었다. 그 어른은 나와 대화하기를 좋아 하였다. 아버지와 아주 가까운 친구로 아버지를 자주 만나 말씀을 나누면서 나의 생각과 진로를 아버지께 전하는 것이었다.

나는 고교 2학년을 마치고 봄방학 때 고향집에 와 있으면서 장남의 책무 등을 고려하여 철학과 대신 정치학과로 진학해 고시준비를 해야 하겠다 결심하고, 대학 선택 무렵에 아버지께 서울대학교 문리과대학 정치학과에 입학원서를 내겠다고 말씀드렸다. 아버지께서는 전남대학교에 입학하면 어떻겠느냐고 말씀하셨다. 나는 학비문제 때문인 줄 알고, 입학금만 대주시면 알아서 대학에 다니겠다고 말씀드렸더니 쾌히 응락해 주셨다. 그래서 서울대학교에 진학할 수 있었다. 대학 4학년 때 작고하시어 모실 기회를 갖지 못한 아쉬움이 크다.

어머니(1906~1992)는 은적산 너머 신덕리 출신으로 이양례(李良禮)이며 전주댁이시다. 4남 1녀 중 외동딸이다. 위로는 두 분 오빠가 계시고 아래로 두 동생이 있었다. 큰 오빠는 딸 하나를 두고 함경북도 청진시로 가 계셨고 청진에서 가정을 꾸려 해방 후에 외숙모가 다녀가셨다. 둘째 오빠가 고향집을 지켰다. 바로 아래 동생은 일본에 가서 자리를 잡았고 해방 후 다녀가신 적이 있다.

나는 외할머니 추억이 많다. 자그마한 키에 인자하신 보성출신 전씨(全氏)였다. 외동딸이 늘 마음에 걸리셨는지 추석 무렵이면 햅쌀을 자루에 담아 은적산 해미재를 넘어서 집에 들르시는 것이었다. 외가 누님이 쓰던 크레용도 갖다가 나에게 주었다. 내가 국어책을 보고 글씨를 쓰는 것을 보시고 옆에 오셔서 슬며시 책장을 손바닥으로 가리시면서 "보지 않고 써 봐라."고 하셨다. 책을 보지 않고 글씨를 쓰면 흐뭇해 하셨다.

외숙은 나의 학업에 큰 도움을 주셨다. 감치나루에서 배를 타고 목포에 다니는 때가 많았기 때문에 중고등학생 시절 자취짐을 지고 가 배에 실어주는 일을 많이 하셨다.

어머니는 천성이 부지런하셨다. 이웃을 도울 줄 알아 인심이 좋았다. 길쌈을 잘 하시어 넉넉하지 못한 살림에도 항상 내 옷을 깨끗이 해 입히셨다. 모시밭이 텃밭과 물방아골에 있어 모시베를 짜 여름이면 모시옷을 지어 주었다. 누에도 키워 명주베를 짜 누님 혼수감 준비를 하셨다.

초등학교 들어가기 전 어느 봄날 아침 일찍 나에게 따라오라 하셨다. 어머니는 빈 바구니를 가지고 가셨다. 엄길마을 앞 사장나무를 지나 아시내개 배가 닿는 나루까지 갔다. 배들이 몇 척 정박해 있었다. 그때는 서호강까지 바닷물이 들어 배가 목포에서 왕래했다. 돛단배 안에 들어갔더니 고구마가 실려 있었다. 어머니는 고구마 종자를 사러 가신 것이다. 나는 생전 처음으로 배에 올라 보았다. 어머니는 고구마 종자를 사서 바구니에 담아 돌아와 텃밭에 심었다. 고구마 농사가 잘 되어 식구들 생계에 도움을 주었다.

내가 고등고시 준비를 하는 동안 어머니는 장독대에 칠성단을 차려놓고 새벽이면 우물에 나가 첫물을 길어다가 목욕하시고 맑은 물을 따라 올려 기원을 계속하셨다 한다. 어머니 정성이 고등고시 합격에 미쳤을 것이다

내가 고등고시에 합격해 도청에 근무할 때도 어머니는 농사를 지으시며 동생들 학교 뒷받침을 해 주었다. 광산군수로 발령을 받고 내가 어머니를 모실 수 있어 그때 농사일을 놓으셨다. 서울에 계실 때는 빈터에 채소를 가꾸시느라 아침 일찍 일어나 움직이셨다. 몸에 익으신 평생의 농사일을 버리지 못하신 것이다.

할아버지가 일본에 계실 때 데려가신 임수(林洙 1916~1998) 숙부님이 계시다. 태평양전쟁 말기 일본 본토 폭격이 심할 때 숙모님과 판순, 명남, 부남 2남 1녀를 우리 집에 데려다 놓으시고 다시 일본으로 들어가셨다. 광복 후 고향에 자주 왕래하셨다.

장수(長洙 1926~1953) 막내작은아버지는 함께 살면서 나의 뒷바라지를 해 주었다. 키가 장대하시고 힘도 세셨다. 아버지를 도와 열심히 농사일에 전념하였다. 6.25의 어려운 시기를 잘 넘기는가 싶었으나 휴전 직전 전투가 밀고 밀릴 때 군대에 소집되어 제주에서 훈련을 마치고 최일선에 배치되어 철의 삼각지 금화 고지에서 1953년 3월 11일에 전사하셨다. 서울국립현충원에 안장해 계신다.

누님 시례〈(時禮), 호적명 일심(一心)〉는 바로 내 위 누님이시

다. 부지런하고 영민했으며 친화력이 있었다. 나와 함께 은적산 뒷골에 가서 도라지도 캐고 고사리를 꺾어오기도 했다. 어머니 일을 도우면서 동생들 뒷바라지에 힘을 쏟았다. 자형 김원종과의 슬하에 5남(김형천 형태 형성 형대 형두)을 두었다.

동생 기옥(棋玉)이는 나와 두 살 사이로 쌍둥이같이 컸다. 초등학교도 한 학년 아래였다. 초등 6학년 때는 내가 학생회장이고 동생은 5학년 대의원으로 학생회에 참석하여 나와 열띤 토론을 벌이기도 했다. 성격이 활달하고 민첩했으며, 운동을 좋아했다. 친구들과 어울리기를 즐겨하고 승부욕도 강했다.

중학 때는 목포에서 함께 자취를 했다. 중학 2학년 때 6.25가 발발하여 고향집에 와 있다가 10월 하순경 수복 시 친구들과 피란을 하던 중 경찰에게 쫓겨, 청룡리(영모정) 산기슭으로 피하다가 경찰이 쏜 총이 복부를 관통하여 세상을 떠났다.

내 밑으로 여동생 기례(棋禮)와 남동생 기정(棋正)이 있다. 기례는 매제 김영재와의 슬하에 2남 1녀(김연희 우철 유성)를 두었다. 기정이는 광고공사를 정년퇴임하고 고향에 집을 지어 광주에서 자주 다니면서 내가 하지 못하는 집터와 농토, 선산관리를 하고 있다. 제수 박정희와의 슬하에 1남 2녀(유일 민희 호진)를 두었다.

(3) 내가 이끈 가족

　전라남도 농지개량과에 근무할 때였다. 고등학교 3학년 담임이었던 조완영 선생님이 문교사회국 장학사로 계셨다. 하루는 나에게 만나자는 연락이 왔다. 문교사회국 입구 낭하에서 뵈었다. 중매건이었다. 어떤 상대를 원하느냐고 물으셨다.
　나는 첫째 나보다 키가 크지 않고, 둘째 머리가 좋으며, 셋째 약학대 출신이면 좋겠다고 말씀드렸다. 선생님은 광주여고 제자로서 이화여자대학교 약학대학에 수석으로 입학한 약사이고 광주여고 화학 선생으로 근무하다가 그만 두고 서울에 가 있는데 만나 보는 것이 좋겠다고 권유하셨다. 그렇게 해서 1963년 10월 24일 유엔의 날에 광주 일식당에서 상면을 했다. 오빠 양희택(梁熙澤) 강진농협조합장과 함께 나왔다. 무척 지성적이고 밝게 보였다. 마음에 들었다. 그가 바로 집사람 양희복(梁熙福)으로 강진 양경섭(梁京燮) 원로(元老)의 차녀이다. 이렇게 해서 약혼을 하고 1964년 2월 2일 광주예식장에서 김효영 부지사 주례로 결혼식을 올리고 새살림을 꾸렸다.
　장남 우진(1964년 12월 15일생)은 광주에서 태어났다. 고려대학교에서 학사와 석사과정을 마치고 미국 캔사스주립대학에서 식품학박사 학위를 취득하여 전남대학교 교수로 재직 중이다. 전남대학교 생활과학대 학장과 한국식품영양과학회 회장을 역임했다. 대학원 공예과 석사과정을 마친 최원실과의 사이에 세환 세준 2남을 두었다.

장녀 주혜(1966년 7월 15일생)는 광주에서 태어났다. 서울대학교 법과대학을 졸업하고 사법고시에 합격해 사법연수원(21기)을 수료하였다. 서울동부지원에서 판사로 출발하여 서울형사법원 판사, 조지워싱턴대학 연수, 서울고법 판사, 사법연수원 교수, 수원지방법원 부장판사, 서울동부지방법원 부장판사를 거쳐 서울중앙지방법원 부장판사를 역임했다. 법무법인 태평양 변호사, 한국여성변호사회 부회장을 거쳐 21대 국회의원으로 의정활동을 하였다. 미국 코넬대학을 마치고 예일대학에서 경제학박사 학위를 취득하여 현재 가톨릭대학교 교수로 재직 중이며 한국규제학회 회장을 역임한 양준석과의 사이에 양현진 현민 1남 1녀를 두고 있다.

2남 혁진(1968년 6월 29일생)은 광주에서 태어났다. 연세대학교 법학과 3학년 재학 중 교통사고로 하늘나라로 떠났다.

차녀 주연(1970년 10월 30일생)은 영광군수 때 영광에서 태어났다. 한양대학교 산업디자인학과를 졸업했다. 건국대학교 의과대학을 졸업하고 피부과병원장이며 대한미용성형레이저의학회 회장으로 활동 중인 나공찬과의 사이에 딸 나세현을 두고 있다.

나는 공직생활을 하면서 오로지 직무에만 몰두했다. 집안일은 집사람의 몫이었다. 살림, 애들 교육 특히 진학 문제까지 집사람이 전적으로 맡았다. 어려움을 이겨내고 평온한 가정을 꾸려주고 친척 간에 우애를 돈독히 해 준데 대해 늘 감사한 마음을 가지고 있다. 큰 짐을 지게 한데 대해 미안함도 마음에 새기고 생활하고 있다. '한가지 일만 하는 사람은 얼마나 편할까?' 하고 이따금 던진 농반 진반의 말이 귀청에 맴돈다.

가족 사진

02 ———

배움의 길로

배움의 길로

(1) 해방 전후의 시기

　나에게 처음 주어진 이름은 기열(棋烈)이다. 초등학교 다닐 때 학교에서는 성길(盛吉)이라 불렀다. 그러나 학교에서만 그렇게 불리었을 뿐 일상생활에서는 기열이라 호칭했다.
　초등 졸업 시 호적부에 석홍(錫洪)이라는 이름으로 등재되어 있었다. 할아버지가 그렇게 하신 것이다. 그후 석홍이라는 이름으로 불리게 되었다.

　초등학교 들어가기 전 1941년 전학기(前學期)에 이웃 마을 엄길리에 개설한 주학(晝學)에 다녔다. 주학은 지금 장동사(長洞祠)가 위치한 마을회관에 문을 열었다. 학생들은 20여명으로 나이 차가 많았다. 6학년 과정 공부를 하는 한 학생을 빼고 초등 일학년 과정의 공부를 했다. 교육 내용은 한글(조선어), 일본어, 수학, 습자(習字) 등이었다.

처음에는 이 마을에 거주하는 자그마한 키의 전갑수(全甲洙) 선생님이 담당하였다. 선비 타입으로 엄격하였다. 얼마 되지 않아 그만 두시고 같은 마을 출신으로 큰 키의 김은수(金銀洙) 선생님이 부임해 와 교육을 시켰다. 종이가 귀한 때라 습자 용지는 같은 마을의 전두영(全斗榮) 집에서 보고 난 신문지를 사다가 썼다. 전두영의 할아버지가 일간지를 구독하고 있었다.

1941년 후학기(後學期)에는 이웃마을인 영풍마을 주학으로 옮겼다. 멀리 청룡리에서 노영기와 그의 누나 등 4, 5명도 함께 다녔다. 영풍마을 출신 노공기 선생님이 주학을 담당하셨다. 주학은 마을회관에 개설되었다. 여기에서는 한글(조선어), 일본어, 수학을 공부하였다. 노공기 선생님은 다부진 분으로 알차게 가르쳤다.

겨울 어느 날 오전 교육 시간에 통통한 순사(경찰) 한 분이 칼을 차고 주학에 들렸다. 당시 지서는 면소재지인 장천리에 있지 않고 몽해리 아천포에 있었다.

순사는 노공기 선생님을 조용히 만나자고 하면서 밖으로 함께 나갔다. 노공기 선생님은 순사를 만나고 들어오시더니 씁쓸한 표정을 지으며 조선어(한글) 교육을 금지한다는 방침을 전하고 갔다는 것이다. 일제가 우리 글을 빼앗아 간 것이다. 모두가 허탈해 했다. 그 후 한글 교육은 중단되고 일본어 교육만 이루어졌다.

나의 글공부 기초를 닦아준 곳은 주학이었다. 나는 주학에 다니면서 열심히 배워 한글과 일본어로 편지를 쓸 정도가 되어 있었다. 일본 대판에 계신 작은아버지에게 한글과 일본어로 편지를 써 보내기도 했다.

초등학교에 들어 간 것은 1942년이다. 교장은 일본인으로 군인 소위 출신이었다. 전교생은 500여명이었으며 우리 반은 남자만 72명이었다. 여자 반은 따로 편성되었다.

나는 주학에서 교육을 받고 초등학교에 입학했기 때문에 교과에 어려움이 없었다. 시험을 치르면 성적이 좋을 수밖에 없었다. 당시 학교에서는 한글 교육은 금지되어 있었다. 학교에서는 일본말만 써야 했으며 어쩌다 친구들끼리 우리말을 쓰면 규제를 받았다. 창씨개명으로 우리 성까지 빼앗겼다. 같은 집안끼리도 성씨가 달랐다. 매월 신사참배를 했으며 1학년 때 참배행사 중 친구들과 함께 소리내어 웃었다가 호된 벌을 받았다. 미곡수탈, 놋그릇 강취, 강제징용을 목격하며 자랐다.

나는 초등학교에 들어가서 장차 광주사범학교에 진학하여 선생님이 되고 싶었다. 1, 2학년 담임선생님이 광주사범 출신이어서 그 영향도 있었을 것이다. 광주사범학교에 입학하기 위해서는 국어교과서를 모두 외워야 할 것이라는 혼자의 생각으로 1, 2학년 국어교과서를 외웠다. 그러나 2학년 마칠 무렵 그러하지 않을 것이라는 생각이 들어 그 후 국어교과서 외우는 것을 중단했다.

4학년 때 일제로부터 해방이 되었다.

교장선생님으로 김준오 선생님(낭산 김준연 선생의 동생)이 부임하였다. 교장선생님은 자그마한 키의 학자풍이었다. 한번은 4, 5, 6학년을 강당에 모아 놓고 교단에서 좌우로 왔다갔다 하시면서 오른손 엄지손가락을 치켜 "나는 우익이야 우익!" 하시는 것이었다. 좌익 우익으로 사상적 분열과 대립이 심할 때였다.

후임으로 부임한 박종태 교장선생님은 가장 인상에 남은 교장선생님이다.

크신 키에 소탈하신 교장선생님은 교훈을 '반듯이 씩씩히 꾸준히'로 정하고 교가를 작사 작곡했으며 교모 마크를 정하기도 했다. 학교의 기반을 구축한 것이다. 나에게도 많은 영향을 주었다. '반듯이 씩씩히 꾸준히' 교훈 속에 내가 지녀야 할 자세가 다 스며들어 있는 것 같아 언제나 마음에 새기고 있었다.

나는 동시를 좋아했다. 동시를 지어 담임선생님에게 보여드리면 읽어보시고 나서 아무 말씀 안 하시고 그냥 돌려주곤 하였다. 농촌 어린이들이 접하기 쉬운 자연계의 '물빤대기', '개구리', '짱뚱이' 같은 초보적 시제였다.

당시 주로 읽은 책은 교과서였다. 국어책에서 감동을 받고 영향을 받은 글은 가람 이병기 선생의 「별」이다. '저 별은 뉘 별이며 내 별 또한 어느 게오 / 잠자코 호올로 서서 별을 헤어 보노라' 이 시구는 나의 상상력을 우주로까지 확장시켜 주었다. 밤이면 뒷동산에 올라 내 별을 찾아보기도 했다.

초등 2학년 때 친구가 내게 준 『이솝동화』 책은 여러 번 흥미롭게 읽었으며 많은 얘깃거리를 나에게 제공해 주었다. 옛날에 어떻게 우리에게 교훈을 주는 얘기를 재미있게 지어낼 수 있었을까 감탄도 했다.

당시 나의 활동 공간은 4km에 위치한 독천장터와 도갑사까지였다. 장날이 일요일일 때는 5일장에 가서 연필과 공책, 읽을 만한 책을 사기도 하고 아버지 따라 쇠장에 들러, 소거간꾼이 소의 이빨을 벌려 보이며 흥정하는 광경을 흥미롭게 구경한 뒤 국밥을 사 먹기도 했다.

소풍은 항상 도갑사로 갔다. 당시에는 학파간척지가 완공되지 않아서 신복촌을 돌아 구림 신근정에서 월출산 맑은 물이 졸졸 흐르는 시내를 끼고 오솔길을 따라 올라갔다. 소름끼치는 사천왕이 금방 달려들 듯 지켜선 해탈문을 지나 대웅전 뒤란 미륵전 들머리에 있는 용수폭포까지 갔다. 당시 물속에 용이 산다는 소문이 있어 금방 쌍뿔 달린 용이 깊이 모를 폭포수를 박차고 솟구쳐 오를 것 같은 두려움이 온몸을 감싸 뒷걸음치며 물가에서 멀리 떨어져 내려다 보았다.

봄 소풍 때 구림을 지날 때면 활짝 핀 벚꽃 가로수길이 눈에 펼쳐졌다. 지금도 고목 벚나무가 터줏대감처럼 무게를 잡고 서서 봄이면 꽃을 피운다. 영암 백리 벚꽃길은 여기에서 연유하지 않았을까 생각해 본다.

영암읍에 처음 가 본 것은 초등 4학년 때였다. 읍내 구경을 하고 싶어 자원해서 읍에 있는 책방에 가서 『다른 나라의 생활』교과서를 가지러 친구와 함께 30리 길을 걸어 다녀온 적이 있다. 군서면 성양리 출신 김순동 선생님이 인솔했으며 피곤한 줄도 몰랐다.

소를 잃어버리다

나는 소를 뜯기고 소 먹일 풀을 베어 날랐다. 벼논이나 조밭에 나가 뙈기를 치며 새를 쫓기도 했다. 이것이 어렸을 적 집안일을 돕는 일이었다.

소를 뜯기는 일은 매일의 일과였다. 우리 집은 중농으로 소를 계속 키우고 있었다. 해가 지기 전 소를 뜯기러 가 노을을 등지고 소를 몰고 돌아온다. 소를 뜯길 때 나는 소가 자유로이 풀을 뜯어 먹을 수 있도록 놓아두고 바위 위에 앉아 책을 읽곤 했다.

초등학교 4학년 여름이었다. 그 무렵이면 농가들은 은적산 천안전씨(天安全氏) 문중 산판(山坂)을 사서 월동용 나무를 베고 있을 때였다. 우리 집 소는 암소인데 순하디순했다. 풀이 많은 곳에 놓아두면 멀리 가지 않고 풀만 뜯는 소였다.

작은아버지는 아버지와 뒷골 산판에 가시면서 '고막듬벙(큰듬벙)' 산등성이 풀 많은 곳에 소를 놓아 둘 터이니, 늦지 않게 가서 소를 뜯겨 오라 하시었다. 나는 집에서 공부를 하다가 늦게 소를 놓아 둔 곳에 갔다. 산판 사람들이 나무를 지고 내려오고 있을 때였다. 소가 보이지 않았다. 어둠이 깔리고 나 혼자뿐인 산에서 무서움도 잊고 산꼭대기 관대바위까지 올라갔으나 소의 흔적은 없었다.

초등학교에서는 장고치는 소리가 요란하고 봉안전이 불타는 모습이 보였다. 무슨 영문인지 알 수 없었다. 산꼭대기에서 소를 찾아 돌아다니다가 하는 수 없이 집으로 돌아왔다. 할아버지, 아버지, 작은아버지 모두 집에 계셨다. 소를 잃어버렸다고 말씀 드렸더니 아무도 나무라시지 않았다. 할아버지께서는 해방이 되었는데 소가 은적산을 넘어 갔다면 찾을 수 있을지 모르겠다 하셨다. 나는 그때야 해방이 된 줄 알았다. 그날이 바로 8월 15일이었다. 학교 장고 소리도, 봉안전을 불태운 것도 청년들이 몰려나와 해방의 기쁨을 분출한 것이었다.

아버지께서는 짐작 가는 데가 있으셨던지 나더러 따라오라 하시면서 집을 나섰다. 십리 거리 북쪽 금강마을 큰 고모님댁에 일주일 전에 어미소에 딸려 송아지를 떼어놓고 오셨다. 물론 혹시나 하신 것이다. 가는 길에 이웃 영풍마을에 들려 아버지 친구에게 혹여 소를 잡아 놓은 분이 있으면 알려 달라 부탁하고 나와 마을 모퉁이를 돌아가는데, 아버지 친구가 숨 가삐 부르는 것이었다. 소를 잡아 놓은 분이 있다는 것이었다. 가서 보니 우리 소였다. 재산목록 1호인 소를 잃어버린 죄책감이 일시에 녹아내렸다. 모르는 소가 논에서 벼를 뜯어 먹고 있어 잡아다 놓았다는 것이다.

소도 영물이라 느껴졌다. 우리 소가 산을 넘어 고모님댁이 있는 북쪽을 향해 새끼를 찾아 가다가 배가 고팠는지, 벼를 뜯어 먹다가 논 주인에게 잡힌 것이다. 나는 8.15 광복절이 오면 소를 잃어버린 날로 기억한다.

퇴학 맞다
– 전화위복

초등 6학년 때 나는 학생회장을 맡고 있었다. 나에게 가장 영향을 준 분은 전승렬 선생님이었다. 선생님은 일제 시에 초등학교를 수석으로 졸업하고 이리농림학교에 입학해 다니다가 해방 후에 모교인 장천초등학교 교사로 근무하였다.

나는 7인 모임을 만들었다. 장천의 길경근, 김사옥, 전석홍, 엄길의 전광렬, 몽해의 전삼수, 박민수, 신풍의 이동일, 일곱명 모임을 만들어 자주 모이는 시간을 가졌다. 모임의 책임자는

7인 모임
(앞줄) 박민수, 이동일, 전석홍, 길경근
(뒷줄) 전광렬, 전삼수, 김사옥

나였고 소집도 내가 했다. 모임 때는 전승렬 선생님을 모셔다가 국내, 국제정세에 대한 얘기를 들으면서 사고(思考)의 지평(地平)을 넓혀갔다

 같은 마을에 사는 길경근, 김사옥과 나는 날마다 함께 다녔다. 밤이면 같은 마을에 사시는 박철현 선생님 방에 가서 공부도 하고 여러 가지 얘기를 나누곤 했다. 밤에 출출할 때는 두부를 사다가 먹기도 했다. 제사를 지내는 집에 바구니를 가지고 가 마루에 던져놓고 "단자요!" 하고 도망쳐 오기도 했다. 단자를 가면 바구니에 떡을 담아 주는 것이 풍습이었다.

 초봄 어느 날 학교 숙직실에서 혼자 동맹휴학 계획을 짰다. 나 혼자 결정해 계획한 것이다. 6학년 담임선생님을 추방하는 내용이었다. 날짜와 모이는 장소는 마을별 책임자를 정해서 쪽지에 적어 일대일로 통보했다. 그리고 동맹휴학 전날 밤 시치미를 떼고 박철현 선생님 댁에 가서 길경근, 김사옥과 함께 공부를 했다, 공부를 마치고 집에 돌아오니 어머니께서 "옆집에 계시는 신 선생님께서 찾더라." 말씀하시었다. 순간 나는 '밀고되었구나'라고 생각했다.
 아침 일찍 옆집 담임선생님께 불려갔다.
 "동맹휴학 하기로 했느냐?"
 "그렇습니다."
 "누가 주동했느냐?"

"제가 단독으로 했습니다."

"누구 지시 받고 했느냐?"

"지시한 사람 없습니다"

"왜 했느냐?"

"……."

"어디로 모이기로 했느냐?" 물어 모이는 장소가 영풍리 전남석 집인데

"뒷들 산기슭입니다."라고 엉뚱한 장소를 둘러댔다.

동맹휴학은 이루어지고 말았다.

나는 학교로 불려 갔다. 학교에서는 내가 말한 장소로 가 찾았으나 아님을 알고 여러 곳을 수소문한 끝에 오후에야 겨우 장소가 알려져 가담 학생들이 모두 끌려 왔다. 학교는 벌집 쑤셔놓은 것 같았다.

학교에서는 나를 교무실에 데려다놓고 배후가 누구냐고 다그쳤다. 실제 동맹휴학을 종용한 배후는 전혀 없었다. 내가 단독으로 결정한 것이므로 그대로 대답했다. 나는 결코 잘못했다는 말을 하지 않았다. 담임선생님이 여학생들을 교단 앞에 불러놓고 동맹휴학 가담을 질책할 때면 나는 나가서 내가 시켰으니 나를 나무라 달라고 항변하기도 했다. 반성의 기미도 없고 오히려 항변하는 내가 몹시 마땅치 않았을 것이다.

졸업사진 찍는 날, 담임선생님이 책보를 싸 가지고 교무실로 따라오라 하였다. 현창호 교장선생님께 갔더니 아무 말 없이 퇴학장을 주시는 것이었다. 나는 퇴학장을 받아들고 아무렇지

않다는 듯

"여러 선생님들 안녕히 계십시오." 인사드리고 바로 나오는데,

박철현 선생님이 나를 따라 오시면서

"할아버지께 어떻게 말씀 드리려느냐?" 염려를 하시어

"할아버지께서 공부하기 싫으면 학교 그만 두라." 말씀하시었다고 태연하게 대답했다.

나는 그 길로 바로 집에 가 책보자기를 공부방에 갖다 두고 친구들과 늘 놀던 학교 옆 비석거리(의병장 전봉성 신도비)로 나가 혼자 교정을 내려다보고 있었다. 그날은 졸업사진을 찍는 날이라. 6학년 학생들은 사진을 찍기 위해 운동장에 모이고 있었다. 나를 본 길경근과 김사옥은 쫓아와 눈물을 글썽이며

"함께 가서 졸업사진을 찍자."고 졸랐으나 나는 거절했다.

졸업사진을 찍은 뒤에 친구들이 몰려와 우리들끼리 시냇가 수양버들 아래에 가서 사진을 찍자고 졸라대 함께 가서 사진을 찍었다. 그래서 나는 초등학교 졸업사진이 없다.

뒤에 들은 얘기지만 학교에서는 나에게 퇴학장을 주면 잘못했다고 빌 것으로 생각했다는 것이다. 그러나 퇴학장을 받아들고 나와 버렸으니 당황했을 것이다. 밀고자는 가장 가까운 곳에 있었다. 마을별 책임자 중 한 학생이 밀고자였다. 나는 이를 알고 마음속에 묻어두었다. 친구까지 잃을 우려가 있기 때문이었다. 밀고는 가장 가까운 곳에서 이루어진다는 것을 명심하게 되었다.

내가 퇴학을 맞았다는 소식을 들은 4학년 담임을 하셨던 최대원 선생님께서 편지를 보내 왔다. 최 선생님은 함평 엄다초등학교 6학년 담임으로 계셨다. 엄다초등학교로 와서 함께 지내면서 졸업을 하라는 것이었다. 도지사상을 주지 못하지만 우등상은 주겠다는 것까지 덧붙였다. 그냥 갈려다가 장천초등학교에 엄다초등학교로 가겠다고 전했다. 학교에서는 학교 체면도 있어 복교시켜 줄 터이니 가지 말고 조금 기다려 달라는 것이었다.

나는 집에서 혼자 공부계획을 세우고 독학을 했다. 교과서 내용은 모르는 것이 없었다. 진도도 학교보다 빨랐다. 그러나 교과서 내용에 없는 것을 설명해 주는 선생님 말씀을 들을 수 없는 것이 답답했다. 그때 나는 학교 교육은 교과서의 글만 가르치는 것이 아니라 교과서에 없는 것까지 가르쳐 주는 것이라는 것을 깨닫고 학생은 공부에만 열중해야 한다는 것을 마음속 깊이 깨달았다. 학교수업이 끝나면 친구들이 학교에서 배운 노트를 가지고 와 교과 진도와 내용을 알려주었다.

소를 뜯기는 일은 언제나 나의 일과 중 하나였다. 물방아골 산자락에서 소를 놓아두고 바위에 앉아 책을 읽곤 했다. 어느 날 면사무소에 다니는 전동진(全東晉) 집안 형님께서 소뜯기는 곳까지 일부러 찾아 오셨다.

"기열(棋烈, 당시 내 이름)아, 학생은 공부를 해야 한다. 무엇 때문에 동맹휴학을 했느냐?" 타이르는 것이었다.

나는 "알았습니다. 퇴학을 맞고 집에서 공부를 해 보니 학생은 공부만 해야 한다는 것을 깨달았습니다."라고 말씀 드렸다.

퇴학 맞은 지 한 달 반쯤 지났을 때 학교에서 복교시켜 주었다. 품행이 방정하지 못하다 하여 졸업 시 공식적인 상은 받지 못 했다. 다만 최현배 교수의 『우리말 말본』 책 표지에 상(賞) 도장을 찍어서 주었다.

중학 진학 무렵 담임선생님이 집에 오셔서 할아버지와 아버지에게 수풍댐 수력발전소도 있고 하니(당시는 정부수립 전이었음) 장래 취업을 위해 공업중학교 전기과에 진학하는 것이 좋을 것이라고 권고해 목포공업중학교 전기과에 입학하게 되었다.

목포 대성동에서 박동현(목포공업중학교 기계과 2년) 전생규(목포상업중학교 1년)와 함께 자취를 하고 있었다. 나는 학교에서 수업을 마치고 돌아오는 길에 길가에 책을 펴놓고 파는 노상책방에서 『왜 가난한가?』라는 소책자를 샀다. 어느 날 초등학교 2년 선배로 학생회장을 지낸, 공업중학교 기계과 3학년생인 배응종 선배가 자취방에 찾아 왔다.

나에게 "자네 『왜 가난한가?』라는 책을 샀는가?" 하고 물었다.

"예, 샀습니다. 그러나 어려워 잘 모르겠습디다." 했더니

"왜 샀는가?" 다시 물었다.

"가난하니까 그 이유를 알기 위해 샀습니다." 라고 대답했다.

그러자

"내가 회원으로 있는 학생단체가 있는데 거기 가입하게." 하며 권한 것이다.

나는 즉시 거절하며 이유를 설명했다.

"초등학교 6학년 때 동맹휴학을 주동했다가 퇴학을 맞았는데 그때 깨달은 것이 학생은 공부만 해야 한다는 것입니다. 그래서 공부하는 것 외에는 어떤 단체에도 가입하지 않기로 결심했습니다." 그렇게 말하고 끝났다.

며칠 뒤 배응종 선배께서 다시 자취방에 찾아와 그가 속한 학생단체에 가입해 달라는 것이었다. 그러나 단호히 거절했다.

어떻게 해서 배응종 선배께서 내가 그 책을 샀다는 것을 알았을까 의문이 들어 여러 가지 추리를 해보았으나 풀리지 않았다.

그로부터 얼마 뒤에 사상적으로 불온한 목포학생지하단체가 경찰에 의해 일망타진되었다. 거기에 나에게 가입을 권한 배응종 선배와 초등학교 1년 선배로 학생회장을 지낸 목포사범학교 2학년 이현희 선배도 끼어 있었다. 두 선배 모두 퇴학을 맞아 중학 졸업을 못하고 끝났다. 나도 그 학생지하조직에 가입했더라면 중학 퇴학을 맞고 일생의 진로가 달라졌을 것이다. 초등학교 때 동맹휴학을 주도하여 퇴학을 맞은 것이 전화위복이 된 것이다.

(2) 전기과에서 인문계로

행운이었다

초등6학년 담임선생님의 권고에 따라 목포공업중학교 전기과에 입학했다. 교장은 정중섭 선생님이었다. 면접시험 때 교장선생님은 "정부가 수립되면 누가 대통령이 되는 것이 좋은가?" 라고 물었다. 나는 "이승만 박사입니다." 라고 대답했더니 "좋아." 하고 가라 했다.

전기과에는 목포산정초등학교 수석 졸업생 장덕진(전 농수산부장관)과 목포서부초등학교 수석 졸업생 송윤재(전 현대상선 회장) 같은 우수한 친구들이 있어 공부하는데 큰 자극제가 되었다. 행운이었다.

전기과에 다니면서 제도(製圖)와 전기공학(電氣工學)만 배우고 실습 한번 하지 않았다. 이공계통이 나에게 적성이 아니라는 생각이 들었다. 나는 문과에 마음이 쏠리고 있었.

1학년 때 같은 자취방 박동현 선배가 『영미시선(英美詩選)』을 사서 읽고 있어 나도 읽어보았다. 그 가운데 로버트 브라우닝(Rovert Browning)의 「피파의 노래」는 나에게 깊은 감명을 주어 지금도 암송하고 있다.

2학년 때 '동국대학교 학생회 문화실'에서 출판한 『동국학생시집 1집(東國學生詩集 1輯)』(1949년)을 사서 읽고 시에 매료되어 영암 시종출신 같은 반 강사원 친구와 함께 학교 문예부에 입회해 지도 선생님의 문학에 관한 강의를 들으며 시「가을」을 써서 호평을 받기도 했다. 교지『기건(技建)』에「샛별이 적다고」의 시가 실리기도 했다. 이 시는 졸업하는 선배들이 나라의 참된 지도자가 되어달라는 부탁을 내용으로 하고 있다.

2학년 봄 무렵(1949년 5월 10일)『철학입문(哲學入門)』(1949년, 高橋庄治 著, 印貞植 譯)을 사서 탐독하고 내가 공부하고 싶은 학문이 바로 철학이라는 생각이 들어 장차 철학자가 되고 싶었다

내가 겪은 6.25

중학 3학년 때다. 6.25남침이 발발한 지 20여일이 지난 7월 19일, 김영주 교장선생님은 전교생을 운동장에 모아놓고 무기방학을 선언했다. 나는 동생 기옥(棋玉)이와 함께 고향집에 돌아왔다.

시골에는 이미 면 인민위원회가 들어서 있고 청년동맹위원회도 설치되어 활동하고 있었다. 나에게 깊은 관심을 가지고 학생은 공부만 해야 한다고 조언을 해 주었던 전동진 집안 형님이 청년동맹위원장을 담당하고 있었다. 면 서기로 있으면서 중학강의록을 사서 탐독하던 동진 형님이 지하조직원이었다는데 내심 놀라웠다. 나는 동진 형님의 배경을 믿고 밤마다 학생들을 학교운동장에 모아 놓고 북한 노래를 가르치는 모임에 나

가지 않아도 괜찮았다.

  함평 경찰서에 근무한 작은 댁 전순달 아저씨(경사)가 후퇴를 하면서 비밀리에 고향집에 잠깐 들렸다. 전순달 아저씨는 아버지를 일부러 불러서 3개월 안에 미군이 진주해 수복할 것이니 조용히 기다리고 있으라 당부를 했다고 할아버지와 나에게 전해 주셨다.

  숙청의 회오리바람이 호되게 불었다. 많은 무고한 사람들의 희생이 이어졌다. 할아버지와 아버지는 나에게 외출을 못하게 해 집에서 책을 읽고 지냈다. 종국에는 면사무소와 초등학교를 잿더미로 만들어 버리고(1950년 10월 24일) 공산치하는 막을 내렸다.

  수복 시에는 마을 사람들이 모두 피란을 했다. 법의 지배가 이미 사라졌기 때문에 우선 피신하고 보는 것이었다. 영암군의 수복이 늦었고 특히 우리 면의 수복이 늦었다. 10월 하순 경찰이 처음으로 들어온다고 전해져 마을 사람들이 산골로 피신을 했다. 내가 은신할 곳을 나도 모르게 은밀히 만들어 놓고, 할아버지가 나더러 그곳으로 숨으라 했다. 마당 귀퉁이 닭장 밑에 구덩이를 파놓고 내가 들어간 뒤 돌덮개로 입구를 덮어버리니 아무도 찾을 수 없는 은신처였다.

  내 동생 기옥이는 가족들과 피신하지 않고 친구들 6~7명과 어울려 독천방향으로 피란 가다가 경찰에게 쫓겨 마을에서 2km 지점인 청룡리(영모정) 산록에서 경찰이 쏜 총에 맞아 복부관통상을 입고 가족 곁을 떠났다.

다음 날 서당 선생님을 하신 전병화 어르신께서 대문 안에 들어서면서 "포위했다 하요!"라는 말이 떨어지자마자 뒷동산과 마을 앞에서 총소리가 났다. 할아버지와 나는 툇마루에 서 있었다. 할아버지는 순간 나를 이끌고 사랑채 골방 지하에 숨겨주었다. 일제 시 공출이 심해 미곡을 숨기기 위해 만들어놓은 골방 지하에는 미리 큰 이불을 넣어두었다. 나는 이불 뒤 맨 안쪽 창문 밑에 숨을 죽이고 쭈그려 있었다. 할아버지는 사랑방에 와 있던 친구에게 아무 말도 하지 말라고 입단속을 하며 나가시자마자, 경찰이 집안에 들어와 모두 나오라하니 "예", "예" 하고 나가는 소리가 들렸다. 나는 일기장과 문학잡지를 안채 할아버지 방에 놓아두고 온 것이 걱정이었다. 나중에 나와서 보니 수색하면서 가지고 가고 없었다.

안채부터 수색하는 문 소리가 들렸다. 사랑채에서 내 방문을 맨 먼저 열었다. 내 머리 위에 서 있는 경찰은 미동도 없이 5분가량을 서서 귀청을 모아 낌새를 탐색하고 있었다. 그리고 사랑방으로 내려갔다. 나는 이제 끝났구나 하고 안도했다. 그러나 조금 있으니 다시 수색해 오는 문 소리가 들렸다. 그리고 내 방문을 다시 열고 내 머리 위에서 10분가량 서 있다가 사랑방으로 내려갔다. 한참 뒤 할아버지가 돌아오시어 '기침'으로 종결되었음을 알렸다. 그제야 나는 안도했다. 이 날 마을에서는 여러 사람의 희생자가 나왔다.

수복 후 성재리 포구에 설치된 임시지서(파출소)에 들려 젊은

이들은 모두 자수를 하라는 것이었다. 젊은이들은 가서 자술서를 썼으며, 거기 가서 소식이 끊어진 선배나 친구들도 있었다. 나는 맨 나중에 가서 자술서를 쓰고 왔으며 무사히 통과되었다.

해가 바뀌고 1933년생 이전의 젊은이들을 방위군으로 소집하여 경상도 후방으로 간다는 것이었다. 작은아버지도 소집 대상이 되어 출발 준비를 하고 있었다. 전선에서 아군이 밀리니 장정들을 공산군에게 빼앗기지 않으려 동원해 가는 것이리라는 생각이 들었다. 마을에 남게 되는 청년 중 나이가 가장 많은 사람은 나와 내 친구 김사옥 둘 뿐이어서 나도 지원해야 하겠다는 결심을 하고 할아버지와 아버지를 설득하여 친구 김사옥과 함께 그날 밤 출발하는 방위군에 합류해 이불을 짊어지고 떠났다. 중학생들이 분대장을 맡았다. 나는 1소대 1분대장이 되었다. 소대장은 방위군 소위였다.

영암읍 가정집 헛간에서 사흘 밤을 보내고 나주읍 초등학교 교실에서 5, 6일이 지나자 고향으로 돌아가 방위군 훈련을 받는다는 것이었다. 방위군 사건이 발생한 때문이었다. 귀향 후 나와 친구 김사옥은 방위군 소집 대상이 아니므로 방위군 훈련을 받지 않았다. 뒤에 안 일이지만 방위군으로 소집되어 나주까지 갈 때는 1.4후퇴 시기였다.

중학교 개학이 되었으므로 목포에 가서 빨리 학교에 등록을 해야 했으나 신원증명서가 없어 갈 수 없었다. 하는 수 없이 목포에 주둔해 있는 해병대 백부대 이윤봉 선배의 어머니에게 부탁 드려, 백부대의 신원증명서를 발부 받아 오시도록 했다. 그 신원증명서를 가지고 성재 나루에서 영암환을 타고 해창항을 거쳐 목포에 갈 수 있었다. 목포선창에 내리니 '자유의 공기'가 온몸을 휘감는 듯한 상쾌감을 느꼈다. 학교에 가서 등록을 하고 수업을 받았으나 학과 진도가 많이 나가 있었다. 친구 송윤재의 노트를 빌려 그대로 배꼈다. 모범생답게 노트가 잘 정리되어 있었다. 나는 그 노트를 그대로 암기하여 학년말 시험을 쳤다. 뜻밖에 전교 수석을 하였다.

전기과 3학년 담임선생님과 함께

시 공부를 하다

나는 전기과에 다니면서 인문계로 바꾸어야 하겠다는 생각을 하고 있었다. 그러던 차에 학제가 바뀌어 고등학교 제도가 생겨 중학 3학년생들은 수료를 시켜 고등학교 입학시험을 치러야 했다. 나는 인문계인 목포고등학교를 택했다.

면접시험 때 조정두 교장선생님은 나의 입학시험 성적을 과목별로 일일이 알려 주시면서 전체 수험생 중 15등이나 외부학교 수험생 중 수석이므로 본교생(목포중학생)과 똑같은 입학금 혜택을 주겠다는 말씀을 해 주었다. 당시 본교생과 외부학교 입학생의 입학금에 차등이 있었다.

목포고등학교에는 우수한 학생들이 많이 모였다. 학생들의 폭 넓은 독서와 높은 지적수준이 자극제가 되었다. 문학서를 읽고 내용에 대한 의견교환도 활발히 전개되었다. 내가 문학(시)을 본격적으로 공부한 것은 고등학생 때이다.

나는 강대진(영화감독) 최규섭(일본 오사카 거주, 언론인) 친구와 함께 '시모임'을 만들었다. 매주 한차례씩 시 한 편씩 써 가지고 모여, 서로 읽고 평가를 하며 의견을 교환했다. 함께 박화성, 조희관 선생님을 찾아가 문학에 관한 말씀을 경청하기도 했다.

나는 방과 후 틈만 나면 책방을 한 바퀴 돌며 시집이 있으면 자취 쌀을 팔아 사서 읽었다. 『현대시집 1~4』 등 헌 시집 새 시집 가리지 않았다. 『시창작법』(서정주 외)과 『시론』(김기림),

『시와 과학』(I.A.리챠이즈, 이양하 역) 등도 사서 보았다.

종이와 펜을 지니고 다니는 것은 필수였다. 잠을 잘 때도 머리맡에 놓고 잤다. 시상이 떠오를 때면 즉각 메모해 두었다가 시를 형상화해 나갔다. 〈시작노트〉를 만들어 시를 정리해 두었다가 골라서 투고도 했다.

고등학교 1학년 때 목포에서 강범우 선생님이 《학생주보》를 발간하고 있었다. 《학생주보》의 김영재 기자(해남출신)를 알게 되어 그의 소개로 강범우 선생님을 만나 시에 대한 얘기를 나눌 수 있었다. 시 「촌 저녁」, 「노송(老松)」을 《학생주보》에 발표했다. 「촌 저녁」은 어렸을 적 고향의 밤 풍경을 노래한 시다. 「노송」은 최재화 친구의 안내로 구림 회사정 뜰에 있는 우아한 소나무를 감상하면서 형상화한 시다.

강범우 선생님은 3학년 때 현대문 교사로 부임해 시적 상상력을 넓혀주고 문학사 강의까지 해주어 우리나라 문학을 이해하는데 큰 도움을 주었다. 선생님은 문학사전과 같은 『문학총림(文學叢林)』을 발간하였다.

교지 《잠룡(潛龍)》이 1학년 때 창간호가 발간되어 나는 시 「할아버지」와 「시 소고(詩小考)」를 투고해 등재했다. 「할아버지」는 봄날 교련시간에 학교운동장을 단체로 달려 돌고 있는데 언덕 성당 아래 길가에서 봄 햇살을 쪼이며 앉아 물끄러미 바라보고 있는 할아버지를 보자 시상이 떠올라 쓴 시다.

그런데 교지 편집책임자 김성인 선배께서 내 시풍(詩風)이 해남출신 이동주 시인의 시와 유사하다 하여 확인 차 혼자 자취하는 대성동 내 자취방에 찾아왔다. 나는 〈시작노트〉 3권을 내놓았다. 나더러 이 시들을 직접 다 썼느냐 물어 그렇다고 대답했다. 「할아버지」 시도 노트에 써 있는 것을 확인했다. 나는 그때까지 이동주의 시집을 사보지 못했다. 그리고 「시 소고」에 인용한 칼 붓세(Carl Busse)의 시 「산 너머 저쪽」의 출처를 확인했다. 나는 출처를 보여 주었다. 고등학교 1학년 때 잠시 담임을 맡으셨던 차범석 선생님은 나에게 "무엇하러 「시 소고」를 투고했느냐?"라고 하시었다. 아마도 「시 소고」 안에 '시만이 진실이다.'라는 표현이 거슬렸을 것이다. 지금 생각하면 무모한 일이었다. 투고해서는 안 될 일이었다.

  2학년 때 《잠룡》 2호에는 시 「무제」를 투고했다. '백지상태로 넋 없이 황혼에 서다'로 시작되는 참회의 시였다. 졸업하는 선배들에게 주는 『메모리MEMORY』에는 편집책임자인 친구 장성수의 요청에 의해 「꽃가루 뿌리외다」를 수록했다. 세상을 바르게 이끌어가는 지도자가 되어달라는 내용의 시다. 3학년 때는 대학입학시험에 전념해야 했다. 고등학교 졸업 시(1954년 3월 23일)에는 한국문예구락부(韓國文藝俱樂部, 名譽會長 千篤根)에서 수여하는 '표창장'을 받았다.

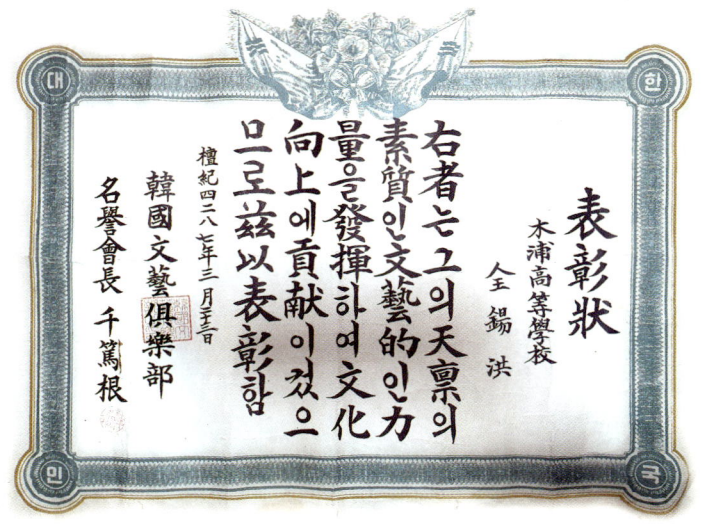

문예표창장

중고등학생 시절 문학(시)에 심취한 나는 행정을 하면서 자연히 문화분야에 관심을 기울여 문화행정에 역점을 두게 되었다.

철학자가 되고 싶었다

나는 시를 계속 쓰면서 철학자가 되고 싶었다. 중학교 2학년 때 사서 읽은 『철학입문』(高橋庄治 著 印貞植 譯)이 나에게 영향을 준 것이다. 대학은 서울대학교 문리과대학 철학과에 진학해야 하겠다고 마음먹었다. 그래서 논리학, 윤리학, 심리학, 철학개론, 철학사화, 철학노트, 철학사전 등을 사서 읽고 『순수이

은사와 함께
(오른쪽) 김창섭, 노지숙, 조완영, 전석홍, 조희영

성비판』도 책장에 꽂아 놓았다. 고 2, 3학년 때 철학과 윤리학은 조희영 선생님이 가르쳤다. 나의 별명은 '데카르트'였다.

웅변을 하다

초등 4학년 담임 최대원 선생님은 웅변에 대해 설명하면서 웅변은 어떻게 하는 것인가에 대해 시범을 보여주었다. 열변을 토하면서 청중의 공감을 불러일으키기 위해 책상을 치는 장면까지 연출해 주었다. 세상 소식에 빠른 전종님 친구는 여운형 선생이 웅변을 잘 한다더라고 웅변에 대한 호기심을 부추겼다.

목포공업중학교 전기과에 들어가니 산정초등학교 때 웅변으로 이름을 떨친 장덕진 친구가 같은 반에 있었다. 나도 웅변을 해야 하겠다는 생각을 가지고 책방에 가서 『웅변술강의』(이기남), 『알기쉬운 웅변비법』(데일 카네기 저, 양병탁 역), 『세계웅변집』(동문사) 등을 사서 공부했다.

웅변에는 전하고자 하는 내용인 원고가 중요하고 청중의 공감을 불러 일으킬 수 있는 억양과 제스쳐 등 여러 가지 요건이 구비되어야 한다는 것을 알았다. 원고를 써서 목청의 활용과 제스쳐 연습을 했다. 성량을 키우기 위해 유달산 바위틈에 들어가서 목청 트는 연습도 했다.

웅변을 하기 위하여 정치 연설장에도 많이 쫓아다녔다. 해공 신익희 선생이 목포역에서 시국강연을 할 때면 가서 경청했다. 목사님들의 설교하는 방법에서 웅변을 터득하기 위하여 일요일마다 남부교회에 가서 목사님 설교를 들으며 메모를 했다. 그랬더니 누군가 내가 교회에 다닌다고 할아버지에게 일러바쳐 "죽어서 물도 얻어먹지 못하게 하려 교회에 다니느냐?"고 꾸짖는 말씀을 듣기도 했다.

고등학교에 들어가서 본격적으로 웅변을 했다. 웅변을 잘 하는 최영철 친구가 있었다. 2학년 때는 휴전문제와 나라의 어지러움 등으로 시끄러울 때였다. 나는 꾸준히 서울신문을 구독하면서 사설을 읽었다. 중앙학도호국단 주최 전국고등학교 웅변대회가 있어 도 대표를 선발하기 위한 전라남도학도호국단 주최 제3회고등학교학생웅변대회가 광주 서석초등학교 강당에서 있었다. 전남대회에는 각 고등학교에서 선발된 학생이 참여하여 기량을 겨루었다.

나는 여기에 출전하기 위해 원고를 직접 썼다. 제목은「참다운 지도자를」이었다. '때는 바야흐로 녹음 짙은 여름, 인류의 역사는 수천년을 거쳐 오늘에 이르렀습니다'로 시작하여 휴전을 반대하며 '참다운 지도자'를 갈구한다는 내용의 원고였다. 제2차세계대전 직전(1938년) 영국 채임버렌 수상과 히틀러와의 뮌헨회담의 교훈을 예로 들면서 휴전협정에 반대했다. 서울신문 사설에서 인용한 내용이었다.

먼저 원고를 외웠다. 처음에는 머리로 외우지만, 연습을 거듭하여 입에 올려 저절로 입에서 원고 내용이 나오도록 해야 했다. 원고 내용에 따라 정확한 발음, 말의 높낮이(억양), 제스쳐, 주어진 시간 맞추기 등 실제 웅변을 하는 연습을 수없이 반복했다.

내 자취방이 언덕에 있어 밤에 창밖 언덕에 서서 청중이 아래에 모여 듣고 있다고 상상하면서 낮은 목소리로 연습을 거듭해 원고 내용이 술술 입에서 나오도록 했다. 교내웅변대회에서 1등으로 뽑혔고 학교 대표로 1952년 6월 17일 도웅변대회에 출전했다. 얼마나 목청 연습을 했던지 목이 쉬웠으나 다행히 도웅변대회 때는 목이 풀리는 시기였다. 내 차례가 오기 전에 밖에 나가 연습을 했다. 그때 목이 풀려오는 것이 감지되었다. 본 대회에서 무대에 올라 웅변을 하면서 목청이 완전히 풀렸음을 느꼈으며 3등으로 입선했다. 상장은 전라남도학도호국단단장 이을식(전남도지사) 명의로 되어 있었다. 그 뒤 목포KBS방송국 초청을 받아 휴전반대 방송 연설도 했다.

고등학생 시절 웅변을 해 놓으니 사회활동을 하는 데 큰 도움이 되었다. 사람들 앞에 나가 연설이나 얘기하는 데 두려움이 없었다. 행사의 성격에 맞추어 요지 몇 가지만 머리에 담고 자유롭게 말을 구사할 수 있어졌다. 시간을 맞추어 핵심을 잡아 내 뜻을 전할 수 있었다. 웅변에는 청중의 반응도 점수산정에 들어가기 때문에 청중의 반응을 보면서 웅변을 한 습성이 몸에 배어, 행사 참석자들의 반응을 보면서 말의 핵심과 높낮이, 시간을 조정할 수 있게 되었다. 언제든지 즉석연설이 가능해 편리했다. 나는 행정을 하면서 또한 정치를 하면서 웅변을 한 것이 큰 밑천이 되었다.

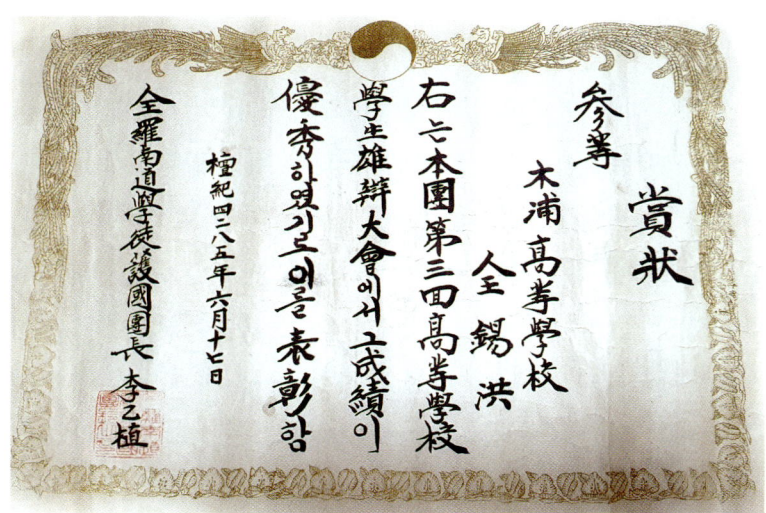

웅변대회 상장

감치배 침몰 사건
– 운명이란 있는 것인가?

목포에서 중고등학교를 다닐 때 은적산 해미재를 넘어, 감치배를 타고 목포에 갈 때가 많았다. 고등학교 2학년 때의 일이다. 추석 무렵 고향집에 와 있다가 일요일에 감치배로 목포에 가려는 참이었다. 당시 몸이 안 좋아 한약을 다려먹고 있었다. 할아버지께서 '하루 더 약을 먹고 가라' 강력히 타이르셨다. 나는 결석을 하지 않기 위해 그냥 가려 고집을 부렸으나 할아버지 성화에 못 이겨 그날 안 가고 집에서 쉬었다.

그런데 그날 석양에 비보가 전해 왔다. 감치배가 승객과 화물을 너무 많이 싣고 목포를 향해 가다가 과적한 중량에 못 이겨 영산강 깊은 물길에서 침몰하여 많은 승객들이 목숨을 잃었다는 것이다. 내가 아는 분들도 그 배를 탔다가 불행한 일을 당했다. 나도 그날 갔더라면 그 배를 탔을 것이며 헤엄을 잘 못 치니 빠져서 나오지 못 했을 것이다. 나는 고집이 세며 학교 결석을 싫어하는데 할아버지 만류로 그 배를 타지 않아 위기에서 구제된 것이다. 과연 운명이란 있는 것일까? 생각에 잠기게 했다.

진로 결정

나는 고등학생 시절 철학, 시, 웅변 등 여러 가지 공부를 해보았다. 전공은 철학이고 시는 계속 써야 하겠다는 생각을 가지고 있었다.

고등학교 2학년 때까지는 학교 공부보다는 이 분야 독서와 글쓰기에 열중했다. 3학년 때는 대학입학시험 공부에 집중해야 했다.

집안에서는 내 진로에 대해 간섭하지 않았다. 나는 고향에 가면 이웃집 박옥기 어르신과 대화를 자주 나누었다. 나는 내가 읽은 책 내용과 나의 생각을 있는 대로 얘기했다. 그 어른은 아버지 친구여서 아버지는 그 어른을 통해 내 생각을 알고 계셨으나 관여하지 않았다.

2학년이 끝나고 3학년 학기 전 봄방학 때, 고향집에서 나는 숙고에 들어갔다. 내가 학자가 되기 위해 '철학과를 택할 것인가'가 과제였다. 철학과를 택할 경우 대학을 졸업하고 나서도 공부를 계속해야 한다. 시골 농가의 장남으로서 철학을 전공하기 보다는 서울대 문리과대학 정치학과로 진학해, 고등고시를 치러 공직계통으로 진출하는 것이 사회적 평가의 한 기준이 되고, 취업의 길도 열리며 집안에도 도움이 될 것이라는 판단에 이르러 그렇게 하기로 결심했다.

대학 입학 원서 제출 시 아버지께서는 "전남대학교에 가는 것이 어떻겠느냐?"고 말씀하셨다. 학비를 부담하기 버거워서 하신 말씀이었다.

나는 아버지에게 "입학금만 대 주십시오. 나머지 학비는 제가 알아서 하겠습니다." 라고 말씀 드렸더니 두 말씀 안 하시고

"그렇게 해라." 하셔서 서울대학교 문리과대학 정치학과에 원서를 제출하게 되었다.

 서울대학교 입학시험을 치르러 서울에 가는데 조완영 담임선생님이 나더러 영암 국회의원 류인곤 의원댁이 용산 후암동에 있으니, 거기 가서 입학시험을 치르라는 것이었다. 서울은 처음 가 보는 낯선 곳인데 잘 되었다는 생각이 들었다. 류인곤 의원은 조완영 선생님의 처남되는 분이었다.

 동향인 조희종 친구(추후 사법시험합격, 검사, 변호사)와 함께 저녁 무렵 서울역에 도착했다. 역전에서 후암동으로 가기 위해 길을 건너려 신호를 기다리는데 불을 켜고 달리는 차들이 어찌 많은지 마음속으로 압도되었다. 서울역에서 멀지 않은 후암동 2층 류인곤 의원 댁에 찾아갔다. 미리 연락을 받은 류인곤 의원과 가족들이 반겨주었다. 류 의원 댁에 여장을 푸니 마음이 안정되었다.

 생전 처음 타보는 전차를 타고 동대문에서 내려 동숭동 문리과대학을 찾아가 시험을 치렀다. 다행히 합격했다. 최영철, 이억순, 최금판 세 동기들과 함께 정치학과에 합격해 기쁨이 컸다.

 대학합격 뒤 목포 대성동 자취방을 정리하면서 그동안 써 놓았던 〈시작노트〉를 부엌에서 불태워 없앴다. 집주인 아들 목포기계공고 2학년 박종채가 "형님 나 주세요!" 하고 애원하는 것을 막무가내로 불태워 버렸다. 이것을 지금도 후회하고 있다. 박종채에게라도 주었으면 남아있을 것이 아닌가, 회오에 잠기기도 한다.

국회의원 선거운동을 하다

대학 등록을 마치자, 조완영 선생님이 나에게 제3대 국회의원 선거 때 마이크를 잡고 류인곤 의원의 선거 유세를 해달라는 부탁을 하셨다. 3학년 담임이셨던 조완영 선생님은 내가 웅변을 한줄 아시기 때문에 선거 유세 요원으로 나를 미리 점찍어 입학시험 때 편의를 제공해 주신 것이었을 것이다. 나는 상상도 못했다. 이미 신세를 졌으니 선생님의 말씀을 거절할 수 없었다.

서울대학교 입학식을 하기도 전에 나는 영암에 내려가 선거운동을 했다. 류인곤 의원의 고장인 신북면 모산리에 본부를 두고 트럭에 마이크를 달고 한 달간 영암군내 마을 구석구석을 다니며 마이크 선전을 목이 쉬도록 했다. 그러나 낙선이었다. 김준연 선생이 당선된 것이다.

가정교사, 고등고시 합격

류인곤 의원이 국회의원에 당선되었더라면 나는 그 집에서 편히 대학을 다닐 수 있었을 것이다. 그러나 아쉽게도 낙선했다.

나는 류인곤 의원댁에서 짐을 싸야 했다. 가정교사 자리를 구했다. 중구 '광희동1가 49번지' 이종우 학생 집에 입주 가정교사 생활을 하게 되었다. 바깥어른은 와세다대학을 나온 경주이씨로 이시영 부통령 집안이다. 6.25전란 중 인민군에 끌려 미아리고개를 넘으시고 어머니 혼자 1남(이종우) 2녀(이대봉, 이종희)를 키우는 댁이었다. 한 가족같이 지낼 수 있어 포근했다.

자녀들 공부를 가르치고 때론 이웃 집 자녀를 맡아 공부를 가르치면서 대학을 다녔다. 시간이 허용하는 대로 고시준비도 했다. 낮시간은 가능한 한 대학 중앙도서관을 이용했다.

그 당시 겨울은 유난히 추웠다. 방안의 잉크가 꽁꽁 얼었다. 테이블 앞벽에 설송(雪松)이라는 쪽지를 써 붙여 놓고 책을 읽기도 했다. 눈을 이고 청청히 서 있는 소나무의 의지를 생각하면서 추위를 견디기 위함이었다.

당시 강추위로 한강물이 두텁게 얼어 얼음 구멍을 파 놓고 잉어를 낚는 강태공들이 겨울 풍경을 이루었다. 나는 흑석동에 사는 친지를 만나러 가면서 한강 얼음장 위를 걸어 잉어 낚는 광경을 구경하면서 갔다가 다시 얼음장 위를 걸어온 적이 있다. 아무런 장비도 없이 입은 옷 그대로였으니 생각하면 아찔하다.

내 책장에는 시집을 꽂아두고 틈틈이 읽으며 마음을 녹이고 문득 시상이 떠오르면 시를 쓰곤 했다. 박종화 선생님을 방문하여 문학에 관한 말씀을 경청하기도 했다. 양주동 교수의 강의시간은 빠지지 않고 청강했다. 『흑산도』 작가 전광용 교수의 강의시간도 열심히 참석했다. 전광용 교수께서는 병상에 계시는 최남선 선생을 병문하여 톨스토이의 『전쟁과 평화』에 대한 대화를 나누었는데 주인공 이름과 내용을 낱낱이 기억하고 계셔서 놀라웠다고 전해준 말씀이 머리에 남아있다.

대학 2학년 때 《대학신문》에 이양하 교수께서 번역한 『詩와 科學』(I.A.리챠이즈, 을유문화사 1947)을 소지하고 있는 분이 있으면 연락해 달라는 광고가 실렸다. 나는 고등학생 시절 구입한 그 책을 가지고 있었으나 연락하는 분이 있으리라 생각하고 그대로 있었다. 그때 연락을 못한 것이 항상 머리에 남는다. 그 책은 지금도 내 서가에 꽂혀 있다.

고시에 실패한 경험을 가진 나와 조희종 친구는 고시준비를 위하여 숙소에서 가까운 동국대학교 도서관을 이용했다, 김영록 등 고시 준비생들이 같은 학교 학생처럼 자리도 내어주고 친절히 대해 주었다. 1961년 제13회 고등고시 행정과에 합격했다.

이 해 운이 좋은 것 같았다. 출제 문제들의 적중률이 높았다. 나의 성공을 바라던 할아버지와 아버지는 나를 위해 땀만 쏟으시고 이 세상에 계시지 않았다.

03

공무원이 되다

공무원이 되다

　제13회 고등고시 행정과에 합격하고 1962년 8월 6일 내무부로부터 전라남도로 발령을 받았다.
　전남도청에서 기획조정관실에 배치되어 공무원 생활의 첫발을 내딛었다. 기획관, 감사관과 동격의 자리에 앉았다. 수습행정사무관으로 수습한다고 해서 지도해 주는 공무원은 한 사람도 없었다. 모든 서류는 나에게 넘어 오고 문안을 읽어 본 다음 합의란에 싸인한 뒤 넘기는 것이 전부였다. 내 스스로 업무 내용을 파악하고 사무처리방식을 익히지 않으면 안 되었다. 때로는 감사반장이 되어 직원들을 인솔하고 현지에 나가 감사를 통해 무엇이 문제인지를 확인하고 처리방법을 터득했다. 이러한 과정을 거치면서 행정 체험을 쌓아가는 것이었다.

　다음 수습 부서는 지방과(1962년 9월 24일)였다. 시군 행정을 지도감독하는 핵심부서이다. 시군의 심사분석업무를 맡겨 주어 직원 한 사람(강진수 주사)을 데리고 심사분석을 하면서 시군 행정의 흐름을 파악해 나갔다.

다음에는 기술 부서인 농무과(1964년 2월 8일)로 옮겼으나 한 달도 안 되어, 이관우 건설국장이 신용우 도지사에게 요청하여 농지개량과(1964년 2월 26일)로 발령을 받았다. 농지개량, 개간간척 등 업무와 관련하여 분쟁이 자주 일어나고 법령 적용의 적합성 판단이 필요한 업무가 많았기 때문이었다. 이때부터 수습 과정은 끝나고 실제 업무를 맡아 처리하였다.

농지개량과에서는 조성계(助成係) 업무를 담당하고 기술업무를 제외한 모든 행정처분에 대해 합법성과 합리성 판단을 해주는 일을 맡았다. 따라서 나에게 넘어오는 결재서류의 합의란에 내가 싸인하지 않으면 서류가 돌아가지 않았다.

나는 행정처분 내용의 합법성과 합리성을 치밀하게 검토하여 법령 적용의 오류를 바로잡아 주고 적법하다 하더라도 합리성이 없으면 시정하도록 지적해 주었다. 이러한 과정 중 농지개량사업법과 시행령의 불합리한 규정을 발견하여 농림부로 하여금 개정하도록 하였다.

일제말기 증미운동의 일환으로 추진한 저수지 조성시 수용한 부지의 이전등기가 안 돼 있는 것을 기화로, 민간인으로부터 제기된 토지대금 지급 소송(나주 노안 저수지 사례)에서 국가소송대리인으로 지명되어 대법원까지 가서 승소로 이끌어 농림부가 이 판례를 전국적으로 전파하여 같은 유형의 소송 제기에 종지부를 찍게 했다.

당시 경지정리사업이 처음으로 실시되었다. 나는 기술업무를 제외한 사무분야를 담당했다. 경지정리사업의 추진절차와 환지방법을 세밀히 작성하여 시행케 하고 기술진과 함께 현지 지도와 점검을 실시하였다. 경지정리 초창기에는 경지정리사업을 이해 못한 일부 농지소유자의 반대에 부딪혀 어려움을 겪었으나 농지의 공정한 분배, 반듯한 농토와 농로, 용배수로의 이용 편의를 알게 된 이후 경지정리사업의 추진이 수월해졌다.

행정을 수행하는 과정에 어려운 과제를 처리해야 할 때가 있다. 때로는 외부 힘(혹은 호가호위)을 배경으로 하는 과제도 있었다. 이럴 경우 자칫 사회문제로 번질 우려가 있다. 나는 이러한 업무는 이재영 과장에게 요청하여, 소관 여하를 불문하고 직접 맡아 공명정대하게 처리해 사회문제화 되지 않도록 하였다.

나는 여러 가지 행정업무를 처리하면서 '무슨 업무이든 처리하는 방법이 있다. 그 방법을 찾아 추진하는 것이 행정이다'라는 신념을 갖게 되었다.

기술과에 근무한 것이 나에게는 기술 지식을 쌓는 계기가 되었다. 기술공무원들과 함께 현장 점검을 하러 다니면서 보고 들은 기술 지식이 축적되어 갔다. 지방행정의 책임자가 되었을 때, 이때 보고 들어 배운 기술 지식이 유효하게 활용되었다. 내무부 도시지도과장이 되어 국토가꾸기와 특수사방을 추진하는 데도 큰 도움이 되었다.

당시 영산강농업종합개발을 위한 조사사업이 추진되고 있었다. 농림부 기획 하에 네델란드의 네데코(NEDECO) 용역단을 고용하고 농지개량조합연합회는 목포영산강출장소(소장 최주열)를 설치하여 조사사업을 추진하였다.
전라남도(농지개량과)에서도 이 조사사업의 일익을 담당하였다. 영산강하구언 위치의 적합성을 검토하기 위해 선박에 승선하여 현지답사를 실시하고 도청 회의실에서 각계 전문가와 일본 토목학회 회장을 초빙하여 보고회를 가졌다. 나도 여기에 참여하여 영산강농업종합개발의 중요성과 필요성을 인식하고 관심을 갖게 되었다. 전라남도가 한 일은 조사사업에 기여하였으며 1968년까지 조사사업을 마쳤다. 이 조사 자료가 영산강농업종합개발계획 수립에 크게 반영되었다.

농지개량과에 근무하면서 농사철에 논물 부족으로 어려움을 겪고 있는 고향마을 혼머리 들녘의 젖줄이 될 은적산 장동제를 조성하여 시름을 덜어 주었다. 일제 말기 증미운동의 일환으로 이웃 마을에는 저수지가 조성되었으나 점토의 거리가 멀어, '비용 대 이익 비율'이 맞지 않는다는 이유로 방치된 채, 주민의 간절한 숙원사업으로 남아 있었다. 이 저수지 조성에는 농지개량과 장영규 기사의 노고가 컸다.

 농지개량과는 업무량이 많은 대과(大課)였다. 직제 개편이 되어 농지개량과에서 개간간척업무가 분리되어 개간간척과가 신설되었다. 나는 초대 개간간척과장(1966년 6월 1일)의 보직을 받았다.
 전라남도에는 리아스식 해안선이 길고 수심이 얕아 간척 적지가 많으며, 480(사팔공)밀가루 지원이 있어 간척사업 붐이 일어났던 때라, 대덕간척지, 해창만간척지, 오마도간척지, 백수간척지 등 전국적으로 이름 있는 대규모 간척지가 여러 곳 있고 소규모 간척지도 산재해 있어 도정의 비중이 컸다.
 박정희 대통령께서는 불편한 교통 여건에도 불구하고 장흥 대덕간척지까지 가셔서 현지 시찰을 하신 바 있다.
 농지확장을 위한 개간사업이 한참 진행되고 경지정리사업의 시행지구도 증가하여 현장 업무량이 많았다.
 이러한 가운데 다른 부서에 속하는 「전남의 협업농업의 방향」 등 연구 과제가 김보현 도지사로부터 내려져 쉴 새 없이 일해야 했다.

 개간간척과장으로 부임한 지 6개월 만에 다시 관광운수과장(1967. 1. 10)으로 발령을 받았다. 전라남도는 광주여객(지금의 금호고속), 금성여객을 비롯하여 시외버스 규모가 전국적으로 제일 컸으며 군소 업체가 많아 운수행정이 어렵다는 정평이

나 있었다.

운수 업무는 이권이 첨예하게 걸려 있어 공정하고 정확한 판단으로 설득력 있게 업무처리가 되지 않으면 분란이 일어나기 쉬었다. 내가 관광운수과장으로 임명 받을 때 김덕엽 부지사는 "운수행정이 원칙과 예외가 전도되어 있다. 이를 바로잡아 달라. 뜨거운 불에 데지 마라, 인사권을 줄 터이니 소신껏 일 해라." 말씀하였다.

나는 관광운수과 직원들에게 앞으로 ① 사무실은 정류장이 아니니 소란하지 않도록 할 것 ② 결재가 날 때까지 업무처리 내용이 누설되지 않도록 할 것 ③ 깨끗할 것 등 세 가지를 주문했다. 직원들은 이대로 잘 따라 주었다. 나는 업무처리에 있어 어떠한 상황에서도 원칙을 고수했다.

운수업체에서는 매일 간부 한 두 사람이 동향을 살피고 정보를 얻으려 관광운수과에 출근했다. 그럼에도 업무처리 과정 중에 정보가 새어나가지 않고 아무 탈 없이 일 처리가 되었다. 광주시내 한 버스회사(천일여객)가 관외인 광산군 송정역까지 독점하고 있던 노선을, 교통부의 사전 승인을 받아 다른 시내버스업체(대창버스)와 경쟁시키는 조치도 누설되지 않고 조용히 처리할 수 있었다. 직원들의 처신에도 전혀 잡음이 생기지 않았다. 사무실 소란도 사라졌다. 개인이나 업체에서 힘 있는 선을 통해 행정처분에 영향을 미치려는 시도는 결코 용납되지 않았다. 장형태 내무국장은 '이제 발을 뻗고 잘 수 있다' 라고 나에게 말했다. 당시 관광운수과는 내무국 소속이었다.

나는 고향 민원도 해결해 주어야 했다. 영암군 서호면 면소재지를 거쳐 목포에서 영암환이 다니는 성재리 나루까지 광주에서 다니는 시외버스를 넣어 주어, 오지 주민들의 교통 불편을 해소해 주었다.

관광운수과에서 관광업무도 관장하고 있어 『전남관광자원(全南觀光資源)』 책자를 처음 발간하였다. 이은상 선생의 독후감 「보배의 고장」이라는 글도 받았다.

광주에 오신 이은상 선생은 호남신문 사장을 역임한 바 있어 박인천 광주여객사장, 최택근 전 광주사세청장 등 친지들과 광주관광호텔에서 서로 아호를 호칭해가며 즐거운 담소를 나누었다. 이미 김정기 관광계장과 함께 서울 댁에 찾아가서 독후감 부탁을 드려 놓았기 때문에, 중간에 이은상 선생을 별실로 모시고 가서 원고지와 펜을 책상 위에 올려놓았다. 이은상 선생은 원고지를 잠시 훑어보시다가 펜을 들어 강물이 흘러가듯 거침없이 써내려가 원고지 끝줄에서 펜을 멈추었다. 이 광경을 지켜본 나는 과연 우리나라 굴지의 대문호시구나 하고 감탄했다. 표지 그림은 영암 출신 소송 감정현(小松 金正炫) 선생이 전남의 상징화인 동백꽃을 그렸다.

나는 관광운수과장을 거쳐 다시 재정과장 발령을 받았다. 재정과장 발령(1968년 3월 1일)을 받을 때 김덕엽 부지사는 나에게 공무원으로서 주요 업무를 관장하려면 재정업무를 알아

두는 것이 매우 유익할 것이라 했다. 재정과에서 예산과 세입 세출업무를 담당하고 있어, 예산을 통해 도정의 흐름을 파악할 수 있었다. 도의 중요 사업을 뒷받침하기 위해 재원을 마련하는 방법도 터득할 수 있었다. 민간사업의 지원기준을 만들어 형평성의 원칙에 어긋나지 않게 하는 방법도 익혔다. 지적(地籍) 업무도 재정과 업무였으나 계장(유재구)에게 맡겨 두고 바람막이 역할만 해 주었다.

1967년 68년의 전남 한해는 전례 없이 우심했다. 한해대책을 재정적으로 뒷받침하는데 힘을 기울여야 했다. 퇴근 후 틈틈이 다니던 태권도 도장(청룡관)에 가는 것도 중단해야 했다. 한해대책 관계로 김수학 부지사(부지사가 바뀌었음)를 모시고 중앙정부 출장을 다녔다.

박정희 대통령께서는 한해대책사업 추진에 대하여 김보현 지사에게 지침서를 보냈다. 상류에는 저수지, 그 아래에는 보, 양수장을 설치하고 전혀 물이 닿지 않는 논에는 관정을 파도록 그림으로 그려서 보낸 것을 보고 자상한 지침에 감동했다. 이 지침에 따라 한해대책사업이 추진된 것이다.

당시 대통령 관심사업인 농어민소득증대사업을 추진하는 때였다. 전라남도에서는 광산군 평동면에 도 시범축산단지를 조성하여 소득증대사업의 교육장으로 활용하였다. 이를 위한 재원을 마련하고 현장에 다니며 사업 추진을 독려하였다. 여기에는 정일권 국무총리를 비롯한 많은 내빈의 방문이 있었다.

 내무부에서는 매년 시도가 겨루는 지방행정연수대회를 개최하였다. 내가 재정과장으로 재직한 1968년 개최된 지방행정연수대회(10월 15일~16일)에서「농어민소득증대를 위한 국고보조와 지방재정계획」이라는 과제를 발표하여 최우수상(내무부장관상)을 수령하였다. 이 과제 작성에는 정채균 예산계장을 위시하여 여러 실무 공무원들의 노고가 많았다.

 1969년 초순 청와대에서 박정희 대통령에게 시도예산보고회가 있었다. 재정과에서 예산보고서를 작성하여 김보현 지사를 수행, 보고회에 참석했다. 보고회를 마치고 김보현 지사와 반도호텔 다방에서 차를 마시는 시간을 가졌다. 김보현 지사께서는 나에게 "행정시책은 사람이 마련하는 일이라 시간의 흐름에 따라 빈틈이 생기기 마련이다. 이 빈틈을 찾아내 보완하고 새로운 방향설정을 하는 것이 매우 중요하다." 라고 말씀해 주시었다. 나는 행정업무를 수행하면서 항상 이 말씀을 머리에 새기고 일처리에 임했다.
 나는 재정과장을 마치고 광산군수 발령을 받았다.

04

일선행정의
책임자가 되어

일선행정의 책임자가 되어

(1) 관문행정을 담당하다

기관장의 위치
- 새로운 깨달음

　1969년 5월 26일 재정과장에서 광산군수로 부임하였다. 군수는 한 고을의 행정책임자이기 때문에 꼭 한번 거치고 싶었다. 군수실에 들려 군수를 처음 만나 본 것은 대학 2학년 여름방학 때이다. 재경영암학우회 부회장으로서 조갑동 영암군수를 만나 학우회 관계 대화를 나눈 적이 있다.
　한 과를 맡아 도지사 보조기관으로 근무하다가 일선 기관장이 되어 행정에 임하면서 새로이 깨달은 점이 많았다. 이것이 앞으로 나의 공직생활에 있어서 근무자세를 새로이 정립하는 계기가 되었다.
　첫째, 간부회의를 하는데 군수가 지시를 하면 즉석에서 반론을 제기하는 간부가 있다. 이는 옳은 자세가 아니라는 생각이 들었다. 지시는 상급자가 '하고자하는 사안에 대한 의사의 전달'이므로 일단 받은 지시는 검토한 후 시행방안을 수립하고 문제가 있다면 대안을 마련해야 한다. 시행 불가능하다면 그 이유를 들어 지시자에게 개별 보고를 통해 이해시켜야 한다. 이것이 보조기관의 기본자세라는 생각을 갖게 되었다.

둘째, 군행정은 군수 혼자 수행하는 행정이 아니다. 군수 혼자 깨끗하고 부지런히 잘 한다고 해서 군정 전체에 문제가 없는 것이 아니다. 문제는 어디서든지 생길 수 있다. 군정에서 발생하는 문제는 군수가 알든 모르든 책임을 져야 한다. 그러므로 관장 업무를 철저히 파악하고 업무감독을 빈틈없이 해야 하며 특히 현장 파악을 잘 해야 한다.

문제는 현장에서 생긴다. 그래서 나는 군 전체 공문원의 명단을 작성한 노트를 가지고 다니면서 일을 열심히 하는 공무원의 활동상황을 기재해 두었다가 인사에 반영했다. 모든 사업의 공사장과 시공자, 감독 공무원. 진도 등을 기록한 노트를 가지고 다니며 불시에 현장에 가서 점검했다. 발견된 문제점은 현장에서 시정하고 담당공무원에게 알려 허위 보고가 생기지 않도록 했다.

셋째, 군정은 종합행정이므로 각 기관과 사회단체와의 협조가 중요하다. 특히 주요 기관과는 긴밀히 협조하여 정보를 교환하고 문제 발생과 확대를 미연에 방지해야 한다.

광산군수 취임 시 경찰서장은 나와 가까이 지내는 김종현 서장이 재직하고 있었고, 그 후 양성우 서장, 유길종 서장이 부임해 와 협조가 잘 이루어져 행정을 수행하는데 큰 도움이 되었다.

광주 관문행정

광산군은 광주와 인접해 있어 도청소재지인 광주의 관문이다. 광주 상무대 일부가 광산군에 속할만큼 행정구역이 광주시와 밀착되어 있었다.

당시에는 고속도로가 개설되지 않아, 서울에서 광주에 오는데는 항공기를 많이 이용했다. 광주비행장이 군청소재지인 송정리에 자리하고 있다. 광주비행장에는 공군비행장이 함께 있다. 군수실에서 아침 간부회의를 할 때면 비행기 비상하는 소음으로 인해 대화를 중단해야 했다

광산군이 광주의 관문이라 광주~송정간의 고속화도로(당시 광송간고속화도로라 불렀음) 관리에 힘을 기울여야 했다. 중앙에서 광주에 오고가는 분들이 이 도로를 이용하기 때문이다. 전남의 행정 평가가 이 도로를 달리면서 이루어지기 마련이다. 당시에는 길 한가운데 분리대가 있어 화단에 꽃을 가꾸고 도로변의 가로수 관리도 철저히 해야 했다. 새마을운동 시작 전이지만 서창면 벽진리(지금 광주 서구)에는 전남에서 처음으로 지붕에 적색, 청색 도색을 하여 지나가는 사람들의 눈길을 끌기도 했다.

당시에는 농사행정이 군정의 중심이 되어 있었다. 농사철이 되면 볏논에 모를 빨리 심어야 하고, 미곡증산을 위해 사점식 이앙을 권장할 때라 이를 독려해야 했다. 병충해방제도 해야 하고, 볏논에 수없이 솟아오르는 피를 뽑아야 했다. 학생들의 도움을 받아 피를 뽑고 나면 깨끗해졌다가도 며칠 안 되어 다시 피가 솟아오르는 것이었다. 학생들이 피의 뿌리를 안 뽑고 눈에 보이는 모개만 뽑았기 때문이다. 벼베기도 제때에 해야 했다. 광주시에 거주하는 농지 소유주들의 논은 벼베기가 늦어 인력동원을 해서 벼베기를 해주어야 했다. 가을걷이가 끝나면 추심경과 객토를 해야 했다. 논 소유주들의 무관심으로 인해 추심경을 할 방법이 없어 부득이 관내 경운기 소유자들에게 하루씩 부탁 드려 추심경을 하기도 했다.

병충해방제

당시에는 전남의 한해로 인해 관정을 많이 파서 코드번호를 붙여 관리하고 있었다. 광주비행장 입구에 있는 관정은 깊이와 수량을 수시 점검해 두어야 했다.

  중앙정부에서 현지 시찰을 하게 되면 가장 많은 대상지역이 되는 곳이 광산군이었다. 1969년 추석 전날 큰 수해가 발생했다. 저지대인 송정읍내가 물에 잠겨 가게의 과일 등 상품들이 물을 타고 둥둥 떠다니고 있었다. 분지로 되어 있는 시가지에 물이 고이면 황룡강으로 품어내는 양수시설이 있어야 했는데 아무 시설도 없었다. 나는 평시에 그 시설의 존치 여부를 몰랐다. 일선책임자가 수해를 겪어보아야 관내를 정확히 파악할 수 있겠구나 하는 생각이 들었다. 수해는 물이 빠지면 흔적이 별로 남지 않기 때문에 사진기사와 함께 다니면서 현지를 직접 보고 사진을 찍게 했다, 앞으로 해야 할 수해대책 구상도 하였다.

  추석날 아침 군수 관사에서 차례를 모시는데 김보현 도지사로부터 전화가 걸려왔다. 내무부장관(박경원 장관)과 보사부장관(김태동 장관)이 수해현장을 시찰하러 첫 비행기로 전남에 오시는데 광산군에 모시어 브리핑을 받을 계획이니 차트준비를 해 두라는 것이었다.

  나는 차례를 모시다 말고 바로 사무실에 나가 과장들을 수배했으나 광주에 거주하는 과장들이 많았다. 나는 급히 차트안과 건의사항을 정리했다. 차트사를 불러 차트준비를 시키고 사진

기사에게 필요한 자리에 사진을 붙이게 했다. 그리고 바로 비행장에 나갔다. 장관님과 지사님을 모시고 군수실에 와서 준비된 차트로 브리핑을 하고 송정양수시설과 송정리~평동면 임시다리(뽕뽕다리)의 교량건설을 건의해 지원 약속을 받았다.

개구리는 언제 들어갔어요?

1967, 68년 연이은 한해 대책의 일환으로 논에 만들어 놓은 관정은 코드번호를 붙여 관리하고 있었다.

시간이 흐름에 따라 관정에는 바닥에 흙이 쌓이고 수량이 줄어질 뿐 아니라 물이 안 고여 사용할 수 없는 관정이 생겼다.

관정은 박정희 대통령께서 깊은 관심을 가지고 계시어 중앙정부에서 주기적으로 전수 조사 지시가 내려졌다. 전수 조사 후에는 중앙정부의 확인이 뒤따랐다. 광산군수 재직 시에도 전수 조사 지시가 있었다. 제 기능을 못하는 관정은 폐기해 버리고 존치하는 관정에 대해서는 수심을 정확히 측정할 뿐 아니라 수량도 현실화 하라는 것이었다. 나는 군, 읍면 담당자들을 정해 관정을 점검하도록 하고 몇 곳을 직접 확인했다.

송정읍 오지에 있는 관정을 택해서 점검해 보니 장부에는 수심과 수량을 당초대로 기재해 놓았다. 가지고 다니는 삼각추로 수심을 재어보니 기재해 놓은 수치에 미치지 못했다. 관정 안에는 개구리 한 마리가 살고 있었다. 바닥 침전물을 제거하기 위해 품어낸 물자국도 없었다. 담당 직원에게 "이 개구리는 언제 들어갔어요?"라고 물었더니 즉시 자백을 했다. 수심을 재거나 수량 측정을 않고 당초 있는 그대로 허위기재를 했다는 것이다. 나는 즉각 수심을 현실화하고, 수량을 다시 측정해서 있는 대로 기재하라고 지시하는 한편 군의 전 담당공무원들에게 이를 알리도록 했다.

군수가 모든 현장을 다 확인할 방법은 없다. 만일 일선에서 허위기재를 해놓고 중앙정부의 확인이 있을 때 허위라는 사실이 드러나면 군수가 책임을 져야 한다. 내가 광산군수를 떠나 영광군수를 거쳐 내무부에 근무하고 있을 때 관정 전수 조사가 있었다. 당시 관정 허위기재로 인해 군수가 책임을 지고 물러나야 하는 사례가 발생했다. 광산군수도 여기에 포함되었다.

마음에 있어야 눈에 보인다

광산군은 광주의 관문이라 항상 현장 점검을 잘 해야 한다. 간부들이나 직원들을 현장에 보내 점검하라고 할 때가 많다. 그러나 보이는 것은 마음에 있는 것만 보인다. 비행장 입구 가로수에 소를 매 놓아 교통에 위험을 주어도 이를 보지 못한 공무원이 있다. 비행장 입구 도로변에 퇴비를 쌓아 놓고 오물을 뿌리고 있어도 안 보이는 공무원이 있다.

군수의 눈에 현장의 문제점이 가장 잘 보인다. 행정의 평가는 순간에 이루어진다. 순간의 관리가 행정에 있어서 중요하다. 그러므로 군수는 부지런히 현장을 점검하고 관리해야 하며 공무원들이 관심을 갖도록 주의를 환기시켜야 한다.

임곡교 가설과 고싸움놀이

　광산군은 지역이 광주시보다 광활하며 오지도 많다. 본량면과 임곡면이 그러하다. 두 면 사이에는 장성군을 거쳐 오는 황룡강이 흐른다. 그러나 교량이 가설되지 않아 교통이 불편했다. 물을 건너주는 거룻배가 한 척 있었다.
　나는 당년도 예산이 없어 채무부담행위로 교량 가설을 해야 하겠다는 생각으로 김수학 부지사를 찾아가 채무부담행위 승인을 부탁 드렸다. 동의해 주셨다. 도지사의 채무부담행위 승인을 받아 임곡교를 가설했다. 1970년 봄에 개통되어 지역 주민들이 연결된 도로를 통행하면서 흐뭇해 하였다. 생산물 유통에도 큰 도움을 주었다. 송정읍-하남면-비아면-임곡면-본량면-삼도면-송정읍으로 막힘없이 순회할 수 있게 되어 행정수행에도 큰 도움이 되었다.

　광산군 대촌면 칠석마을(지금 광주광역시 남구 칠석동)에는 마을의 평안과 풍년을 기원하기 위한 고싸움놀이가 전래되고 있었다. 해방을 전후해 사라져간 이 세시풍속이 1969년 전남대학교 지춘상 교수의 집념에 의해 재현되었다.
　고싸움은 볏짚으로 고를 만들어 서부고와 동부고 두 편으로 나누어서, 참가자들이 대동단결하는 힘으로 고를 맞부딪쳐 하늘 높이 치솟아 오르는 장관을 연출한다.

이 고싸움은 전남 대표로 선발되어 제10회 전국민속예술경연대회(대구, 1969년 10월 3일~5일)에 출전하여 패기 넘치는 남성적 민속놀이로 높이 평가받아 영예의 대통령상을 수상하였다. 이로 인해 광산 대촌은 고싸움의 본고장으로 널리 알려지고, 고싸움놀이는 칠석마을의 대명사가 되었다. 고싸움은 1970년 국가지정 중요무형문화재 제33호로 지정되었다. 고싸움 전수관은 도지사 때 준공이 되었다.

고싸움 전수관 준공 -지춘상 교수와 함께

광산군수 재임 시 군수 연설문을 쓰는 김완기 스피치라이터가 공보실에 근무하고 있었다. 그는 곡성 출신으로 광주고등학교를 졸업한 인재다. 정직하고 성실하며 청렴하다. 글을 잘 썼다. 말수가 적고 낮은 음성으로 설득력 있게 생각을 풀어내는 재능을 지녔다. 나와는 호흡이 잘 맞아 많은 일을 함께 했다.

나에게는 '농촌이농방지대책' 등 발표 과제가 주어졌다. 그럴 때마다 나와 김완기 스피치라이터는 목차를 정해 글 쓸 부분을 분담하고, 전남대학교 도서관에 가서 참고자료를 찾아와 작업을 했다.

내가 영광군수로 발령을 받았을 때 나와 함께 영광군에 부임해 연설문 등으로 나를 도왔다.

그는 내가 내무부로 떠난 뒤 김재식 도지사의 스피치라이터로 역할한 다음 내무부에 발탁돼 행정과장, 광주광역시 기획관리실장, 부시장, 중앙소청심사위원장을 거쳐 청와대 인사수석비서관을 역임했다.

(2) 군 행정은 군에서

1970년 6월 1일 서창면 농촌진흥원 시험장에서 시장군수와 농촌지도소장, 농산과장 등 농사관계관과 함께 전라남도 주관으로 '모심기 10일 앞당기기' 행사를 치렀다. 물론 김재식 도지사도 참석했다. 이 행사를 마치고 군 숙직실에 들르니 내무부 장관실 나중주 비서관으로부터 전화가 걸려왔다. 내가 영광군수로 발령 났다는 통보였다. 처음 듣는 인사 얘기라 뜻밖이었다. 군수가 도지사로부터 어느 군으로 인사이동이 있다는 말을 한마디도 듣지 않아야 하는지, 의문이었다. 이 체험이 내가 도지사로 재임하면서 시장군수 인사를 하는 데 반면교사가 되었다.

각 시군마다 특성이 있다. 광산군은 광주의 관문으로 행정 책임자로서는 무척 분주하고 행정점검 시 항상 대상이 되는 지역이라 긴장의 연속이었다.

영광군은 달랐다. 광산군에서 갈 때는 '밀재', 장성군에서 갈 때는 '깃재'를 넘어야 한다. 전라북도 고창군과 평지로 경계한 군으로서 고창읍과 가까운 거리로 왕래가 잦다. 따라서 행정점검을 위해 출장 오는 공무원도 드물고 오다가다가 들르는 공무원들도 별로 없다. 행정을 하기 마음 편한 군으로 알려져 있다.

광산군은 도시형으로 개방적이지만 영광군은 옛날부터 '옥당골'이라 불리어져 군민들의 주인의식이 강한 지역이다. 백수면은 원불교의 발상지로서 성지(聖地)로 불려지고 영광굴비로 유명한 법성포는 백제 불교의 전래지이다. 영광사람들은 위도면이 전라북도 부안군으로 편입(1963년)된 것을 아쉬워 한다. 위도에 파시(波市)가 설 때는 칠산바다가 대낮같이 훤했다 한다.

내가 취임하기 전 군의 행정을 군에서 관장하지 못하고 다른 행정기관에서 관여하고 있었다. 그래서 나는 취임 제일성으로 "군 행정의 본령을 찾자."고 강조했다. 나는 여러 과정을 거쳐

군 업무는 군에서 담당하여 시행하도록 바로잡아 놓았다.

　군의 건설사업을 낙찰 받은 건설업체들이 공사를 하면서 군 기술공무원들의 감독 범위 밖에 있었다. 공사 선점을 위해 예산에도 없는 소교량을 임의로 가설하는 사례까지 있었다. 시공업자가 군 기술공무원의 감독을 가볍게 생각한다면 공사가 제대로 이루어질 수 없다. 이를 바로잡아야 했다. 그래서 다른 외부 조직의 간섭 없이 군 기술공무원의 감독을 제대로 받을 수 있도록 바로 돌려놓았다.

　나는 지역개발을 위해 전 마을을 순회했다. 주민과 대화를 나누고 지역에서 시행해야 할 사업 현장을 직접 살펴보았다. 소규모 숙원사업이 많았다. 이를 기초로 《새로운 영광개발》계획을 수립하여 사업 우선순위를 정하고 예산이 확보되는 대로 추진하는데 활용하도록 하였다.

　마침 그 무렵 손수익 청와대 비서관으로부터 전화가 걸려왔다. 주민들이 절실히 바라는 사업이 어떤 것이냐고 물었다. 나는 마을의 소규모 숙원사업이라고 말씀 드렸다.

　영광읍 상수도 사업, 법성포 상수도 사업. 법성포에서 홍농으로 나가는 도로개설과 교량가설. 영광읍과 법성포간의 도로정비, 영광읍 하천 복개사업, 소규모 교량사업, 영광읍 외등 달기 등 사업을 추진하였다. 영광읍에 외등을 설치하고 밤에 멀리서 바라보니 어둠 속에 묻힌 영광읍이 도시같이 환하게 다가와 흐뭇했다.

이와 같은 사업을 추진하는 데는 박경원 장관의 지원의 힘이 컸으며 홍상기 건설과장의 노고가 많았다. 홍상기 과장은 능력 있고 정확하고 추진력이 뛰어났으며 책임감이 강한 기술공무원이었다.

영광군에서도 공무원 전체 명단과 사업장 노트를 만들어 현장 점검을 하는 데 활용했다. 한번은 점심을 먹고 수행원 없이 백수면 오지 저수지 공사현장에 갔다. 감독자도 없이 도자 한 대가 점토를 박아야 할 제당 한가운데를 현장에 있는 흙으로 메꾸고 있었다. 무엇을 하느냐고 물으니 점토박이를 한다고 했다.

점토라는 흙을 집어 부벼보니 모래 섞인 흙이었다. 삽을 반듯이 세워 점토자리에 떨어뜨리니 박혀 서 있지 않고 바로 넘어졌다. '이것은 점토가 아니지 않느냐' 말하고 공사를 중단시켰다. 사무실로 돌아와 홍상기 건설과장을 불러 현장에 가보라 했다. 전날 나에게 제대로 공사가 진행되고 있다고 보고한 저수지 공사였다. 현장에 갔다 온 건설과장은 죄송하다고 말했다.

이 저수지는 마을 위쪽에 설치하는 큰 저수지로 만약 제당이 무너진다면 큰 사고가 생길 우려를 안고 있었다. 저수지는 물이 안 새도록 역할을 하는 점토작업이 가장 중요하다.

새마을사업을 본격적으로 시작하기 전 내무부에서는 마을에 시멘트 335포와 철근 1톤을 지원하면서 마을 주민들이 가장 절실한 생활 주변의 사업을 책정하여 인력과 기술을 마을에서 제공해 추진하도록 하였다. 시멘트가 귀할 때인데 시멘트를 주면서 마을 교량, 암거, 빨래터, 마을안길 등 마을총회에서 주민들이 자율적으로 선정하여 시공하도록 하니 호응이 컸다. 출향인사들은 고향마을에 자금지원을 하고 군대에 가서 기술을 익힌 젊은이들은 기술을 제공했다. 이 시범사업을 거쳐 이듬해부터 새마을운동이 전개된 것이다.

읍면장들은 관내를 수시 돌아다니며 현장을 파악하고 업무추진을 독려하며 주민과의 대화를 지속적으로 나누어야 한다. 따라서 기동력이 있어야 한다. 그래서 읍면장들에게 오토바이 한 대씩 사 주었다. 읍면장들은 날개가 돋친 듯 오토바이를 타고 열심히 관내를 돌아다니며 현장 행정을 수행하였다.

나는 영광군수 재임 시에 대학에 입학하는 학생들에게 축하 겸해서 입학금을 보태어 주었다. 지원을 받은 학생들의 이름과 금액을 까마득히 잊고 있었다. 그런데 영광출신인 이낙연 국무총리께서 '서울대학교 법과대학 입학 시 전석홍 영광군수로부터 입학금 5만원을 지원 받았다'고 공개적으로 얘기를 해서 그제야 지원 받은 학생 중에 이낙연 국무총리가 포함되었으며 지원 금액이 5만원이었다는 것을 알았다. 얼마 되지 않은 금액이지만 흐뭇한 생각이 들었다.

05

광주시장으로
취임해서

광주시장으로 취임해서

　내무부 새마을담당관(부이사관)으로 승진한 지 꼭 1년이 된 1975년 11월 13일자로 광주시장 발령을 받았다. 고건 도지사와 같은 날 취임했다.

　광주시는 내가 도청에서 오래 근무했고 광주에서 거주했기 때문에 너무나 익숙한 도시이다. 문화예술이 전통적으로 번창하고 문화예술인들이 많이 배출되어 예향으로 일컬으면서도 이에 알맞은 문화인프라가 뒷받침되지 못하고 있었다. 도청소재지이면서 시내 도로가 협소하고 미개설되어 시민들의 활동에 불편을 주고 있었다. 상수원이 한계에 다다라 물 문제를 안고 있었다.

　이러한 과제들이 현안으로 놓여 있었다. 넉넉하지 못한 재정의 제약 속에서 과제 해결을 위해 온힘을 쏟아야 했다.

(1) 깨끗하고 푸른 광주 가꾸기

　새마을운동이 경쟁적으로 전개된 시기였다. 내무부 새마을담당관으로 재임하다가 시장으로 취임한 나는 광주를 깨끗한 도시, 푸른 도시, 질서 있는 도시로 만들기 위하여 이 세 가지를 도시새마을운동의 지표로 삼고 '60만의 질서, 깨끗한 광주'를 구호로 내걸었다.

　깨끗한 도시로 만들기 위하여 새마을청소에 역점을 두었다. 58개 동장 회의를 소집하여 일반사무는 사무장에게 맡기고 동장은 청소에 전념하도록 하였다. 추진 방법은 동장 재량에 맡겼다. 매월 58개 동의 청소 실태를 엄격히 평가하여 등위를 매겨 발표하겠다고 주지 시켰다.

　동마다 아침 새마을청소를 독려하느라 부산했다. 새마을노래 확성기 소리가 요란했다. 동명동에 있는 시장 관사에도 아침 일찍부터 동사무소에서 틀어대는 새마을노래 소리가 확성기를 타고 울려 나를 깨웠다.

　어느 날 아침 일찍 전화벨이 울렸다. 초등학교 교사라고 신분을 밝히면서 아침잠을 잘 수 없으니 새마을노래를 중지시켜 달라는 것이었다. 나는 '내 집앞 내가 쓸기'를 독려하는 것이니 참여해 달라고 부탁드렸다.

　나는 일요일에는 간부들과 함께 뒷골목을 점검하고 주택가를 흐르는 세천(細川)을 살펴보았다. 불결한 세천은 복개를 하거나, 맑은 물이 흐를 수 있게 필요한 시설을 하여 위생적인 환경을 조성하도록 했다.

동별 청소 평가는 계속되었다. 이러한 과정을 거치면서 시가지가 눈에 띄게 깨끗해졌다. 뒷골목도 산뜻해졌다.

푸른 도시 가꾸기는 박재순 녹지과장이 담당하였다. 가로수는 노선별로 수종을 통일하여 거리의 특성을 살리도록 했다. 차도와 인도 사이에 수벽을 설치하고 도로변의 나지는 녹지화하였다. 무등산 올라가는 길 양쪽 절개지에는 넝쿨을 올렸다. 금남로 가로등에는 받침대를 만들어 국화 화분을 두 개씩 올려 미관을 살렸다. 건물 신축 시 의무적으로 나무심기를 하도록 하였다. 담장에 장미넝쿨, 담쟁이 올리기를 권장하였다. 시에서는 묘포장을 마련해 상시 묘목을 확보하여 언제든지 활용할 수 있도록 운영하였다.

질서 있는 도시 만들기를 위하여 '물건 제 자리 놓기' '간판 바로 달기' '줄서기' 운동에 중점을 두고 시민운동을 전개하였다. 시민 참여를 위한 홍보와 현장 점검, 협조 분위기 조성을 꾸준히 해 나갔다.

(2) 동부진입로 개설

광주시는 외각으로 나가는 도로가 제대로 개설이 안 되어 있었다. 특히 화순으로 나가는 도로는 교통량이 많은데도 도청 앞을 지나서 좁다란 시내 도로를 거쳐 지원동으로 나가게 되어 있었다. 따라서 도시계획에 의해 시외버스터미널로부터 도청 뒤를 지나 학동을 거쳐 지원동으로 가는 동부진입로를 개설 확장하기로 하였다.

이 도로를 이룩해 내는 데는 어려움이 따랐다. 도청 뒤쪽은 주택 밀집지대였다. 도로 개설을 위해 주거지를 매입하여 주택을 철거해야 했다. 이러한 사업을 추진하는 데는 반대를 조종하는 사람이 있기 마련이다. 여기에서도 예외가 아니었다. 근무시간 중 부녀자들이 시장 관사로 찾아와 시장 면회를 요청하여, 급히 달려가 사업의 필요성을 이해시켜 원만히 사업을 추진할 수 있었다.

(3) 중앙로 개설

광주 시가는 남북으로 통하는 도로가 제대로 개통되어 있지 않았다. 광주시에서 제68회 전국체전을 개최하기로 결정되었기 때문에 시가의 도로확장이 필요했다. 특히 중심가인 금남로와 십자로를 이루어 남북으로 뻗어나가는 도로가 시급히 개설되어야 했다. 이 도로가 중앙로 개설이다. 나는 어려움을 무릅쓰고 이 도로를 뚫기로 확정 짓고 추진하였다.

여기는 상가 밀집지역이라 사업 결정부터 어려움이 따랐다. 일부에서는 상가들이 많은 중앙로 개설 대신 유동사거리에서 공설운동장으로 나가는 도로를 확장하자는 외부 의견도 있었다. 그러나 중앙로 개설이 우선이었다.

  이 사업의 추진에는 상가입주민들에 대한 끈질긴 설득이 있어야 했다. 관할구청인 동구청의 건설공무원들이 집중적으로 투입되어 시공이 진행되었다. 이로 인해 건설공무원의 인력 부족으로 다른 업무 추진에 어려움이 따르기도 했다.

(4) 시립교향악단 창단

  1976년 5월 초순 MBC광주방송국 박봉관 보도국장이 시장실에 찾아왔다. 그는 예향 광주시에 교향악단이 없으니 교향악단을 창설하자는 제안을 했다. 역대 시장들에게 건의를 했지만 지금까지 이루어지지 않았다는 것이다. 광주에는 민간교향악단인 '광주시민교향악단'이 있으며 이를 이끌고 있는 분은 조선대학교 장신덕 교수라 했다. 장신덕 교수는 '광주KBS합창단' '광주MBC합창단' 등을 이끌어 광주시에 합창 붐을 일으킨 분으로 알려져 있었다.

  문화예술에 관심이 깊은 나는 즉각 동의했다. 광주시립교향악단을 구성하기 위하여 조례안을 마련해 전라남도지사의 승인을 받았다. 장신덕 교수에게 교향악단 조직을 맡겨 1976년 6월 광주시립교향악단을 창단했다. 초대 상임지휘자는 장신덕 교수가 담당했다.

  광주시립교향악단의 창단연주회는 1976년 7월 22일 광주시민회관에서 열렸다. 광주에는 연주할만한 장소가 광주공원에 있는 시민회관밖에 없었다. 당시 공연에는 고건 도지사도 관람하시면서 격려해 주었다. 나는 시립교향악단이 출범한 데 대해 뿌듯한 긍지심이 솟구쳤다.

제1회 정기연주회는 1977년 4월 13일 광주시민회관에서 열렸으며 많은 음악애호가들의 호응을 받으며 성황리에 마쳤다.

(5) 시립무용단 창단

나는 1976년 5월 8일 어버이날을 맞아 광주시에서 가장 고령인 어버이를 찾아 예방을 하게 되었다. 내가 방문한 집은 뜻밖에도 내가 잘 아는 문현상 교수 댁이었다. 부인은 같은 조선대학교에 근무하는 박금자 교수였다.

박금자 교수는 무용가로 전문직업무용단을 이끌고 있었다. 박 교수는 시립교향악단을 창단한다는 소식을 듣고 있었다. 나를 보자마자 차제에 광주시립무용단도 창단해 줄 것을 건의했다. 예술광주의 격을 드높이기 위해서는 무용단 창단도 필요하다는 생각을 가졌다.

이 제안을 받아들여 시립무용단을 창단하기로 결정하고 조례안를 제정하여 전라남도지사의 승인을 받아 1976년 10월에 창단하였다. 박금자 교수에게 무용단 구성을 의뢰하고 초대 단장에는 박금자 교수를 임명했다. 시립무용단의 창단 공연으로

'백조의 호수(2막)', '마을의 향연'이 광주시민회관에서 성황리에 이루어졌다.

(6) 시장 안 갈 거요?

　광주 무등산에 자리한 김덕령 장군의 사우 충장사에 박정희 대통령께서 방문하실 것으로 예정되어 있었다. 박 대통령께서 방문하실 경우에 대비해 무등산 진입도로를 정비하고 대통령께서 관심을 가지고 계시는 녹화에 힘을 기울여 맨땅이 없도록 대비했다.
　녹화사업은 박재순 녹지과장이 담당하여 시행했다. 무등산 길가 빈땅에는 나무를 심고 수벽을 조성하였으며 언덕바지에는 칡, 담쟁이를 올렸다. 충장사 광장과 농지와의 경계지에는 묘포장에서 길러낸 개나리를 수벽처럼 심었다. 중심가인 금남로 시가지 가로등에는 받침대를 만들어 노란 국화 화분을 두 개씩 올려놓았다. 가을 정취가 물씬 풍기는 아름다움으로 가득 찬 것 같았다.

　박 대통령께서는 영산강농업1단계사업인 나주댐, 장성댐, 담양댐, 광주댐이 준공됨에 따라 1976년 10월 14일 장성댐 현장에서 개최되는 준공식에 임석하시게 되어 있었다. 그때 충장사에 들르시게 되었다

장성댐 준공식 전날 오전 나는 무등산 도로변과 충장사를 둘러보고 내려오다가 장성댐 행사장 준비상황을 살피고 돌아오는 고건 도지사를 만났다. 무등산 입구 화암마을 도로변에 샛노란 꽃들이 눈부시게 피어 있는데 꽃 이름을 몰라 마을사람들에게 알아봤더니 '황금초'라 하여 이 꽃 이름을 '황금초'라고 알려 드렸다. 박 대통령을 모시고 충장사에 가시면서 대통령께서 꽃 이름을 물어 보시어 '황금초'라고 말씀드렸다고 행사 뒤 고건 지사께서 귀띔해 주었다.

그날 오후 다시 충장사 현장을 살펴보고 사무실에 막 들어서자, 백형환 도지사비서실장으로부터 급하게 전화가 걸려왔다. "출발 하셨습니다." 한마디하고 전화를 끊었다. 나는 쏜살같이 달려 충장사에 도착했다. 바로 대통령께서 오시었다. 나는 게시판을 보면서 현황 보고를 드리고 안내를 했다.

묘역 입구에 있는 삼문(三門) 중에서 평상시 하는 대로 우측 문을 통해 박 대통령을 모시었다. 유물관 안에 있는 김덕령 장군의 관을 설명하면서 키가 160cm쯤 되었을 것으로 추정된다고 말씀드렸더니 별 말씀이 없으셨다.

묘역을 살펴보신 다음 나올 때는 좌측 문으로 안내를 했다. 광장에서 마을과 주변 산림들을 둘러보시고 광장 경계에 심어 놓은 나무가 무엇이냐고 물으셨다. "개나리입니다." 라고 답변을 드렸다. 그리고 장차 설치할 주차장 위치, 새로 개설할 마을길에 대해 설명을 올리고 전시관이 들어설 위치를 말씀드린 다음 사업비 지원을 건의드렸다. 쾌히 지원해 주시겠다고 하시어 유족회에서도 일부 부담하도록 하겠다고 말씀 올렸다. 대통령께서 차에 오르시면서 "시장 안 갈 거요?" 라고 말씀하시어 "곧 가겠습니다." 하고 답변 드렸다.

나는 시장실에 들려 간부들과 지시사항을 정리하고 있었는데 경호원으로부터 전화가 걸려왔다. 박 대통령께서 광주관광호텔에서 찾으신다는 것이었다. 급히 달려갔다. 만찬 중이었다. 반겨 주시었다. 나는 비서실장 옆에 앉았다. 김정렴 비서실장은 상공부장관으로 계실 때 광산군 하남면에 들려 전기 수요에 대해 군수인 나의 보고를 받으신 적이 있어 구면같이 느껴졌다.

그 자리에는 고건 지사와 수행한 최각규 농림부장관, 신형식 건설부장관, 길전식 공화당 사무총장, 박철 공화당 대변인이 함께 자리하고 있었다. 부드럽고 화기애애한 분위기였다.

행사가 끝난 며칠 뒤 친구인 최영철 의원께서 전화를 주었다. "충장사에서 대통령을 안내할 때 가운데 문으로 안내하지 않았느냐?"고 물었다. 전통 관례대로 양 옆문으로 모셨다고 대답했다. 그랬더니 대통령을 모실 때에는 가운데 문으로 안내해야 한다고 전해 주었다. 그때야 잘 못 했다는 것을 알았다. 대통령을 모실 때에는 당연히 가운데 문으로 안내해야 했는데, 가운데 문은 신(神)이 왕래하는 문이라는 전통적 관념이 박혀 큰 실수를 한 것이다.

(7) 국립광주박물관 위치 선정

고건 도지사로부터 전화가 걸려 왔다. 박정희 대통령께서 광주에 국립박물관을 짓도록 결정해 주시면서, 고속도로에서 잘 보이는 곳에 자리를 잡도록 지시하셨으니 합당한 위치를 물색해 보라는 것이었다.

고속도로에서 잘 보이는 위치라면 두 곳이 떠올랐다. 가장 좋은 곳은 현재의 광주박물관 위치이고 다음으로는 현재의 광주어린이대공원 자리였다.

제1 후보지는 광주고속도로 입구에서 바로 보이는 남향의 아늑한 산록이다. 이 땅은 전라남도교육위원회 소유지로서 학교 부지로 예정되어 있었다. 이곳은 정부 방침에 따라 국립묘지예정지로 유보되어 다른 용도로 사용할 수 없었으나, 대전 유성으로 국립묘지가 결정되면서 유보지가 해제되어 있었다. 전라남도교육위원회에서는 시내에 있는 광주기계공고를 이곳으로 이전할 계획을 수립하고 노희원 교육감께서 학교시설부지로 도시계획용도변경을 해 줄 것을 나에게 요청해 왔다. 나는 이에 동의하고 사전에 신형식 건설부장관께 전화를 드려 내용을 알려드리고 승인해 주도록 요청해 두었다. 그런 다음, 도시계획변경서를 도청 지역계획과에 진달해 놓은 상태에 있었다. 따라서 바로 박물관 위치로 제공하기 어려운 형편이었다.

제2 후보지는 어린이대공원 부지로서 상당한 규모의 땅이었다. 고속도로에서는 정면으로 보이지 않고 뒤란이 보이는 흠이 있었다. 박물관 위치로 적합하다는 판단만 선다면 이곳을 활용하는 데는 제약이 없는 곳이었다. 나는 노희원 교육감과의 약속 때문에 부득이 이곳을 제시할 생각을 가지고 있었다.

바로 이어 국립중앙박물관 최순우 관장께서 광주박물관 위치를 정하기 위하여 광주에 오셨다. 나는 제2 후보지를 제시하였으나 현지답사 후 적합한 위치가 아니라고 했다. 최순우 관장과 나는 헬기를 타고 시내 여러 곳을 찾아 다녔다. 그러나 적지를 발견하지 못했다.

나는 고민을 하다가 현재의 박물관 자리를 제시할 결심을 했다, 그러기 위해서는 노희원 교육감의 동의를 구해야 했다. 먼저 도 지역계획과에 제출해 놓은 용도변경계획서를 반려해 달라 요청해 놓고 고건 도지사를 뵈었다. 박물관 위치로 꼭 알맞은 자리 한 곳이 있다고 말씀드렸더니 어디냐고 반색하며 물으셨다. 광주기계공고를 이전할 예정지로, 고속도로 입구 남향 산록이며 시내를 바라보고 있어 가장 적지라고 말씀 드렸다. 처음 이 위치를 제시하지 못한 이유를 설명 드리고 노희원 교육감에게 가서 싫은 말씀 한번 듣고 양해를 구하겠다고 보고했다.

나는 바로 동명동 전라남도교육위원회에 가서 노희원 교육감을 만났다. 노 교육감에게 박정희 대통령께서 주신 광주박물관의 입지 조건과 적지를 찾지 못한 경위를 설명하고 부득이 기계공고 예정지를 박물관 위치로 제시하여야 하겠다고 말씀드렸다. 노희원 교육감께서는 '학교부지로 변경해 주기로 약속해

놓고 무슨 얘기냐'고 서운한 말씀을 하시었다. 나는 죄송하다는 말씀을 드리고 학교부지는 박물관부지 대금으로 고속도로변에 적합한 자리를 확보해 드리겠다고 말씀 드려 양해를 구했다.

그런 다음 최순우 관장께 연락하여 지금의 박물관 위치를 제시했더니 현지를 보시고 적지라는 결정을 해 주었다. 그렇게 해서 기계공고가 입주해야 할 자리에 광주박물관이 들어서게 된 것이다.

광주기계공고 위치는 광주시에서 고속도로변에 부지를 물색해서 매입해 주었다. 이 업무는 남기승 도시계획과장이 담당하여 소리 없이 추진하였다.

국립광주박물관은 1977년 6월 17일 정일권 국무총리를 모시고 기공식을 가졌으며 1978년 12월 6일 개관하였다.

(8) 가사문학의 길

무등산 충장사를 지나 대밭에 조선시대 도요지가 있고 광주호 상류에 충효마을이 있다. 광주호변에 비스듬히 서 있는 왕버들 두서너 그루는 오랜 역사를 증언하고 있는 듯 하다. 충효교를 건너서 담양 남면(지금은 가사문학면)에는 식영정, 송강정 등 정철과 당대 문인들의 발자취가 향기롭다. 이 일대가 가사문학권이다.

광주 쪽에는 환벽당이 있고 성산별곡에 나오는 조대(釣臺)가 있다. 나는 '가사문학'에 관심이 많아 광주시 경내를 '가사문학의 길'이라 명명하고 관리에 힘을 기울였다. 그 길을 걸으며 기라성 같은 문인들의 풍류와 문향(文香)에 젖어 보기도 했다.

(9) 문화 관련 여담

광주공원에 지어진 광주시민회관은 문화예술행사보다는 행정행사 중심의 시설이라 할 수 있다. 음악 무용 등 예술 공연을 위해서는 무대가 협소하여 부득이 관람석을 축소하고 무대를 넓혀야 했다. 그렇다고 공연을 위한 무대로 충분한 것은 아니었다.

한동일 피아니스트가 광주에 와서 광주시민회관에서 연주를 하면서 피아노에 문제가 있어 애를 먹은 일이 있었다는 얘기를 들었다. 그래서 재일교포 박성준 회장(장흥출신, 한순오 공보실장 처남)에게 부탁하여 '야마하 그랜드 피아노'를 기증 받아 시민회관에 비치하였다.

무등산 도립공원의 관리를 광주시에서 맡고 있어 사용 허가는 시장이 관장하고 있었다. 마침 광주의 대표 시인 김현승 선생의 시비(추진위원장 범대순)를 원효사 아래 길 건너 도로변 숲속 아늑한 자리에 세우는 신청이 있어 허가해 주었다. 시비의 시는 절대고독의 대표작 「눈물」이다. 제막식 행사에 참석해 축하의 말씀을 드렸다. 여러 문인들을 만날 수 있어 좋았다. 오랫동안 만나지 못했던 박봉우 시인도 만나 반가웠다.

(10) 광주시정과 물 이야기

광주 상수도 수원지는 무등산수원지, 지원동수원지, 동복수원지가 있었다. 겨울 가뭄이 심하게 들 때는 초봄이 되면 물 문제가 발생했다.

1976년 날씨가 가물어 수원지에 물이 차지 않았는데 겨울 가뭄까지 겹쳐 1977년 봄 수원지 물이 말라 갔다. 나는 수도국장과 수원지를 찾아다녔다. 무등산수원지와 지원동수원지는 고갈 상태였고 동복수원지도 물이 빠져 손바닥만한 검은 조개가 수원지 바닥에 무수히 깔려 있었다.

실무진들은 수원지 물이 말라가므로 제한급수를 하자고 제안했다. 나는 제한급수가 시민들에게 큰 불편을 줄 것 같아 일주일만 더 기다려보자고 했다. 다행히 일주일 안에 비가 내려 제한급수를 면할 수 있어 안도를 했다. 이를 계기로 동복수원지 확장공사가 추진되어 1985년 8월 16일 준공되었다.

비가 안 오면 또 한 가지 문제가 있었다. 분뇨처리 문제였다. 당시 400톤급 화학처리시설이 공사 중이었다. 분뇨는 유덕동

노천 저장시설에 갇혀있었다. 비가 쏟아질 때 막아둔 출구를 터서 하천에 방류했다.

그런데 겨울 가뭄에다가 초봄 비가 내리지 않아 가득 찬 분뇨를 방류할 수 없어 고심해야 했다. 특히 보사국장과 관계 공무원들의 고민이 깊었다. 실무진들은 아침 비가 잠시 내리자 계속 올줄 알고 가득 찬 분뇨 저장시설의 출구를 열었으나, 얼마 되지 않아 비가 그쳐 방류 출구를 닫아 버렸다. 즉각 구용상 목포시장으로부터 나에게 항의 전화가 걸려왔다. 목포시 상수도 취수탑이 나주시 입구 교량 위쪽 황룡강 제방에 설치되어 있었기 때문이었다.

주암댐과 장흥댐이 설치되기 전, 광주시와 목포시의 물 문제는 큰 과제였으며 숱한 숨은 얘기를 남기고 있다.

(11) 무등산 정화사업의 추진

무등산은 광주시민의 일상생활과 밀착된 어머니 품과 같은 포근한 산이다. 광주 시민들이 늘 오르내리며 휴식을 취하고 건강을 관리하는 공간이다. 광주출신 역사적 인물들의 사우 충장사 경열사 충민사 등이 자리하고 있다. 무등산은 여기에 알맞게 정화, 관리되어야 한다.

무등산 산장 주변은 시민들이 자주 들르는 휴식 공간인데도 그간 방치된 가운데, 무질서하게 임의로 시설물을 설치하여 영업을 하고 있어 경관, 환경, 위생면에서 정비할 필요가 있었다. 그래서 아래쪽에 일정 구역을 설정해서 이설하는 정비계획을 수립하여 시행하였다. 이 사업의 집행은 동구청에서 담당하여 추진하였다. 시설주들의 동의를 얻어 추진하는 데는 많은 시간과 애로가 따랐다.

다음 무등산 정화지역은 가장 취약지라 일컬어지는 곳이었다. 시설 철거계획을 수립하여 동구청에서 담당해 집행하였다. 그러나 중앙로 개설과 시기가 겹쳐 관계 공무원들이 중앙로 개설에 매달리는 사이, 취약지 철거작업이 진행되면서 사회적 물의가 일어났다. 행정수행에 있어서 큰 교훈을 남겼다.

나는 시정을 다루면서 이따금 퇴근시간 뒤 화순 적벽유원지에 들려 머리를 식히곤 했다. 화순 적벽유원지는 동복수원지 바로 아래 위치하고 있어 경관이 빼어나다. 낭떠러지 적벽이 물가에 우뚝 서서 발목을 찰랑찰랑 강물에 적시고 있어 이 광경을 보고 있노라면 마음이 차분해진다.

강물에는 나룻배가 떠 있어 뱃놀이를 할 수 있고 나룻배를 타고 건너가면 암자가 숲속 오묘한 자리에 가부좌를 틀고 있다. 암자는 사색하기에 알맞은 곳이다. 속세와 거리를 두고 조용히 쉬었다 가고 싶은 마음을 일으킨다.

유원지 주변에는 5월이면 하얀 찔레꽃이 은하처럼 피어나 시심에 빠져들게 한다. 한번 다녀오면 마음이 한결 여유로워진다.

06

충청북도 부지사로
취임하다

충청북도 부지사로 취임하다

　광주시장 재임 중 동부진입로와 중앙로 개설, 문화행정을 펴면서 보람을 느꼈다. 무등산 정화의 일환으로 산장 주변 정비를 하고 무등산 취약 지역을 정리하면서 어려움도 겪었다.
　나는 국방대학원에 입교할 생각을 가지고 있었다. 고건 도지사에게 국방대학원에 입교하겠다고 말씀 드렸더니 "정말입니까?" 라고 물으시어 "그렇습니다." 라고 답변 드렸다.
　그리하여 1977년 9월 5일 국방대학원 안전보장과정에 입교하게 되었다. 내무부 지방행정 분야에서 이상희, 전영춘, 김보성, 치안분야에서 김상희 경무관이 함께 들어갔다.

　경기도 고양에 있는 국방대학원에서 내달려 오기만한 공직업무를 떠나 머리를 식히면서 나를 되돌아보는 계기가 마련되었다. 다른 분야에서 근무하는 고급공무원들과 한데 어울리면서 두루 사귀고 의견 교환을 하면서 사고의 폭을 넓힐 수 있었다. 그뿐 아니라 생소한 안보분야에 대한 공부를 하면서 이 분야 식견을 가다듬고 늘 안보문제를 머리에 새기게 되었다.

1년 과정을 마칠 때 논문을 한 편씩 제출하게 되어 있었다. 나는 내무부에서 도시지도과장으로 재직하면서 담당한 소도읍 관련 과제인 「소도읍 기능화방안 -국가안보적 측면에서」를 선택했다.

국방대학원 수료 전에 미주반(美洲班) 일원이 되어 미국 순방을 했다. 국방성, 안보관련 연구소 등을 방문하여 대담을 나누었다. 간 곳마다 한국에서 핵개발을 해서는 안 된다는 주장을 폈다. 인솔 반장은 육군 소장 구득현 장군으로 말수가 적은 충청도 신사였다.

국방대학원을 수료하고 자리가 배치된다(1978년 7월 18일 수료). 국방대학원에 다니면서 이사관으로 승진한 나는 부지사를 거쳐야 하기 때문에 김종호 차관보를 만나 충청북도 부지사로 보내 줄 것을 요청했다. 그는 의아한 듯 "정말이어요?"라고 물었다. 나는 "정말입니다."라고 대답했다. 그렇게 해서 나는 충청북도 부지사로 발령을 받았다. 충청북도가 서울에서 가까우며 부지사를 거치는 데는 도세와 상관없다는 판단에서였다.

충청북도 부지사로 부임한 것은 1978년 8월 2일이다. 도지사는 평소 가까이 지내며 신뢰관계를 쌓아온 정종택 지사였다.

나는 부지사는 자기 색깔을 내려 해서는 안 되며, 도지사의 손이 미치지 않는 분야를 찾아서 보완해 주는 역할을 하는 위치라는 것으로 정립했다. 따라서 내부적으로는 업무 방향의 바른 설정과 추진에 힘을 기울이고 대외적으로는 조용히 여론 지도층 및 사회단체와의 유대 조성을 통해 도정 수행에 도움이 되어야 한다는 생각을 다졌다.

부지사로 부임하자 모 국장이 내 방에 들려 "부지사님, 얼마나 계시렵니까? 적당히 지내시다가 가시면 됩니다." 라고 말하는 것이었다. 나는 깜짝 놀라면서 "무슨 말씀을 그렇게 하십니까? 국가의 녹을 받는 공무원으로서 온힘을 쏟아 부지사로서의 책무를 다 해야지요. 그렇게 할 것입니다." 라고 했더니 "죄송합니다." 하고 나갔다. 그 국장은 성실하고 열심히 책무를 다 하는 요직 공무원이었다. 나는 중요 문제에 대해 그 국장과 자주 상의하며 일 처리를 해 갔다.

당시 대청댐 공사가 한창 진행되고 있었다. 부지사인 나는 대청댐지원협의회 위원장으로서 회의를 주관하여 주요 사안을 결정하고 문제점을 해소해 나가면서 현장을 열심히 점검했다.

한번은 현지 점검 차 단양군 오지 길을 따라 살피며 가는데, 한 작은 마을이 있었다. 화재로 인해 재만 남아 있는 정미소에 사람들이 모여 있었다. 거기에 멈춰 서서 언제 불이 났느냐고 물었더니 수일 전에 났다는 것이다. 남자 주인은 돌아가시고 젊은 아주머니가 중학생 딸과 함께 사는데, 다시 그 자리에 정미소를 지을 수 없어 하는 수 없이 생계를 유지하기 위해 아주머니가 음식점에 나가 일을 하겠다 하니, 딸이 극구 만류해 딱하다는 것이었다.

나는 왜 그 자리에 정미소를 짓지 못하느냐고 물었다. 그랬더니 접도구역이기 때문에 못 짓는다는 것이었다. 마침 함께 간 김종성 건설국장에게 '산골에 난 좁다란 길에 왜 접도구역이 설정되었느냐?'고 물었더니 지방도로 책정되어있어 접도구역이 설정 되었다는 것이다. 나는 접도구역 해제가 되면 정미소를 다시 짓겠느냐고 물었더니 아주머니는 다시 정미소를 지어 딸과 함께 잘 살아가겠다고 했다.

나는 김종성 건설국장에게 산골 좁은 길을 지방도로 결정해 접도구역을 설정한 것은 의미가 없으니 도에서 지방도 해제 절차를 밟도록 지시했다. 도에서는 바로 지방도 해제조치를 취했다. 그렇게 해서 정미소를 다시 지을 수 있도록 조치하였다.

지금도 흐뭇하다. 불필요한 행정조치 때문에 피해를 입고 있는 주민은 없는지, 현지를 살펴보며 필요한 조치를 해 주는 것이 주민을 위한 참 행정이라는 다짐을 마음속 깊이 했다.

여름 장마철을 앞두고 대청댐 담수를 하게 되었다. 나는 시장 군수가 직접 책임을 지고 담수지역의 집이나 나무 등을 철거하도록 했다. 특히 보은군 지역에는 큰 감나무가 많았다. 나무를 베어 내고 건물을 전부 철거했다. 그 뒤 얼마 안 되어 보은군 일대에 홍수가 났다. 철거 지역에는 피해가 없었다.

최규하 대통령이 헬기를 타고 보은군 수해현지 시찰을 하셨다. 보은군에서는 교량이 떠내려가고 시가지에 물이 범람하여 상가들의 피해가 많았다. 주민들의 피해대책을 마련하는 데 최선을 다 하였다.

전국소년체전에서는 항상 충청북도가 1위를 차지했다. 선수들을 육성하는데 각 학교가 열성이었다. 제7회 전국소년체전을 충청북도에서 개최케 되었다. 도지사는 부족한 재원마련과 체육시설 확보에 여념이 없었다. 나는 도지사의 손이 미치지 않는 부문의 사무처리와 체육시설의 원활한 시공, 도시 환경조성 등에 힘을 기울였다. 소년체전은 호평리에 마치었다.

청주시에는 시립교향악단이 없었다. 나는 청주시에 시립교향악단을 창단할 필요가 있다고 생각했다. 그래서 청주시장에게 광주시립교향악단 조례를 가져다가 청주시립교향악단을 창단하도록 권유했다.
청주시에서 마련한 조례안은 내가 직접 정종택 도지사에게 교향악단의 필요성을 설명 드려 결재를 받았다. 그렇게 해서 청주시립교향악단이 출범하게 되었다.

1980년 8월 18일, 내무부 지방개발국장의 보직을 받아 떠났다. 부지사로는 길게 2년을 충청북도에서 근무했다.

07

내 목북에서
근목하다

내무부에서 근무하다

　1971년 8월 10일 영광군수에서 내무부 과장 요원으로 발령을 받고 부임했다.(정식 발령은 8월 21일) 새마을운동을 추진하기 위해 행정기구를 신설하는데 지역개발담당관(새마을담당관) 고건, 도시개발관(도시지도과장) 전석홍, 농촌개발관(농촌지도과장) 김형배, 주택개발관(주택지도과장) 강우혁이 배치되었다.

　이날 광주단지 난동이 일어났다. 광주단지 업무를 도시개발관실에서 담당하게 되어 그날부터 밤낮 없이 이 업무에 매달려야 했다. 담당 계장은 박성달 사무관이고 뒤에 박부찬 사무관이 담당하였다. 모두 행정고시를 합격한 유능한 공무원이다.

(1) 광주단지에서 성남시 승격까지

광주단지가 어떤 곳인가

 광주단지는 서울시가 무허가건물 철거민대책의 일환으로 주택단지를 조성하는 사업이다. 대상지역은 경기도 광주군 중부면의 단대리, 상대원리, 탄리, 수진리, 창곡리 등 다섯 마을이다. 개발면적은 350만평($12km^2$)이며 택지조성 145만평, 공업단지 24만평, 상업지역 26만평 등으로 되어 있다. 입주 계획 인구는 35만 명이다. 사업기간은 1968년 5월부터 1973년 12월까지로 계획하였다.
 광주단지에는 광주군 중부면 출장소(소장 주사)가 설치되었으며 주민등록 등 일반행정을 담당하였다. 서울시에서는 광주단지의 개발을 위해 서울시건설사업소(소장 부이사관)를 설치하여 단지조성, 철거민 생활대책 등 업무를 관장하였다.
 실제 광주단지 개발업무는 서울시가 전적으로 담당하여 추진하고 경기도와 광주군은 관여하지 않았다.

 1971년 8월 10일 현재 단지 내 인구는 139,867명이었다. 출신지역별 인구 구성은 서울 17.4%, 경기(인천 포함) 21.1%, 강원 5.7%, 충청 16.7%, 호남 25.5%, 영남 11.2%, 제주 0.4%, 기타 2.0%로 호남출신이 4분의1 이상을 차지하고 있었다.

이 가운데 원주민은 5,331명으로 3.9%를 점하고 유입 인구가 134,536명으로 96.1%를 차지했다. 이입인구 중 서울시에서 실시한 철거이주민은 22,722세대 126,215명으로 93.8%를 차지했다.

철거민들의 연도별 이주상황을 보면 1969년에 3,301세대 16,505명, 1970년에 15,403세대 71,813명, 1971년도에 6,018세대 37,897명이다.

광주단지 내 취업상황을 보면 경제활동인구 30.2% 중 취업자는 77%였으며 완전실업자는 23%에 이르렀고 비경제활동인구가 69.8%로 노령층이 압도적인 수를 차지하고 있었다.

광주단지 내 주택상황을 보면 27,702동 가운데 정상주택이 19,287동으로 69.6%이고 천막이나 판자집이 8,415동으로 30.4%를 차지하고 있었다.

사업추진 상 문제점은 세 가지이다.

첫째, 서울시는 무허가건물 136,650동 가운데 광주단지 이주로 76,650동을 해결하고 나머지는 아파트 입주 또는 현지개량으로 구상을 했다. 단지 이주 지역은 서울에서 가까운 분지인 광주단지로 정하였다. 주민 이주를 할 때에는 당연히 선개발(先開發)을 한 다음 후이주(後移住)를 했어야 하는데도 선이주, 후개발 방법을 채택하고 1969년 5월부터 이주를 성급하게 시작하여 살아가기 어려울 정도로 생활환경이 열악하였다.

둘째, 분양택지 면적이 8평~20평(대체로 12평)으로 건축 가능 면적인 27평에 미치지 못하여 슬럼화 할 우려가 있었다.

셋째, 입주하는 영세민에 대한 생계대책이 없어 생활을 위해 분양지(딱지)를 팔고 다시 서울로 회귀하는 이주민이 속출하였다. 당시 광주단지에는 복덕방(지금 공인중개사)이 110여개소에 이르렀다.

광주단지 난동 사건의 발생

서울시에서는 철거이주민에 대한 택지 대금 상환을 하는데 평당 2천원씩 5년 할부로 납부하도록 하였다. 그러나 분양지(딱지)를 팔고 서울로 다시 돌아가는 이주민이 속출하므로, 분양지(딱지)를 매입한 전매업자 8,967세대에 대해 평당 8,000원~16,000원을 1971년 7월 30일까지 일시불로 납부하도록 통고하였다.(1971년 7월 15일) 생계대책이 막연한 주민에게 취득세를 이미 부과하였다.(1971년 6월 2일)

이러한 조치들에 대한 불만이 가득찬 광주단지 주민들과 서울시장이 1971년 8월 10일 중부면출장소에서 대화를 나누게 되어 있었다. 주민들은 출장소 광장에 모여 기다렸는데 시장이 도착하지 않았다. 그런데 갑자기 비가 쏟아지자 성이 난 주민들이 격분하여 중부면출장소 인근에 있는 서울시건설사업소에 가서 불을 지르는 등 난동을 부리는 사태가 발생하게 된 것이다.

난동 이후 대책

　서울시의 단지개발은 중단되고 내무부가 주관하여 경기도와 협조, 광주단지 대책을 마련하였다. 입주민 구호대책부터 도시계획, 시 승격까지 눈코 뜰 사이 없이 바빴다. 지시도 많이 떨어질 뿐 아니라, 지시한 지 얼마 되지 않아 보고서를 가져오라는 인터폰이 울렸다. 화장실에 있을 때가 제일 편했다. 독촉을 받을 수 없는 자리이기 때문이다. 한번은 손수익 지방국장에게 "저는 화장실에 있을 때가 제일 편합니다." 라고 말씀드렸더니 "왜 그래요?" 물으셨다. 나는 "보고 독촉을 받지 않으니까요." 라고 대답 드리니 빙긋이 웃으셨다.
　매주 1회 이상 현장 방문을 하여 무슨 문제점이 있는지 점검하고 대책을 마련했다. 고건 부국장과 함께 갈 때가 많았다. 천막, 판자집(입주자 중에는 낮에 노인만 와 있다가 밤에 비워 버리는 곳도 있었다), 입주민 생활상태, 개발계획 추진 현장, 모란시장 등 구석구석 점검을 하였다.

　원활한 행정 수행을 위하여 경기도 직할 성남출장소(소장 부이사관)를 설치하고 관할 구역은 광주단지 외에 중부면, 대왕면, 돌마면, 낙생면까지 확대했다.
　성남경찰서를 신설하고, 이미 있던 4개 파출소 외에 4개 파출소를 추가로 설치, 8개 파출소를 두어 치안의 안전을 기했다.

개발기능은 서울시에서 경기도로 일원화 하였다.

주민대책의 일환으로 택지 전매자에 대한 지가를 입주자와 동일하게 정하고 취득세 납기를 연장해 주었다. 구호 대상자에 대한 긴급구호, 월동연료지원 등 생활대책을 수립 추진하였다.

도시종합개발계획을 확정 추진하도록 했다.(1972년 8월 5일) 서울의 위성도시에 적합한 개발이 되게 하고 단지 내 인구계획은 15만 명으로 정했다. 개발기간은 20년간(1971~1990)으로 하고 개발구역은 광주군 4개면과 용인군 수지면 일부를 포함해 132km²로 정했다. 개발의 중점은 광주단지의 개발에 두고, 잔여지역은 개발제한구역 또는 녹지로 유보(92.6%)했다. 추후 분당 주택단지 등지로 개발이 된 것이다.

이렇게 해서 1973년 7월 1일 성남시로 승격 시키고 이 일에 손을 놓았다. 이날 행사에는 김수학 지방국장, 고건 부국장(새마을담당관), 도시지도과장인 내가 참석했다.

이 광주단지는 우리나라 도시발전 과정 중 시행착오가 가장 큰 대표적 사례에 속한다. 생활기초시설도 마련하지 않은 채, 먼저 주민을 입주시켜 사회문제를 유발한 사례로서 도시학자들이 연구 대상으로 삼았다. 금후 우리나라 도시개발은 선개발 후입주의 형태로 전환하였다. 나도 광주단지 문제를 직접 다룬 실무자로서 서울대학교 환경대학원 석사논문 「성남시와 서울시와의 경제적 교류에 관한 연구」(지도교수 김안재, 1973)를 쓴 바 있다.

도시계획의 확정 과정과 교훈

 광주단지 난동 사건 이후 성남시 승격까지 약 2년간 이 업무를 담당하여 추진하면서 많은 것을 배우고 느꼈다. 광주단지를 포함한 권역을 독립된 시로 설치하기 위하여 도시계획을 수립하게 되었다.
 1972년 8월 광주단지 도시종합개발계획을 마련허여 대통령에게 보고 드리게 되어 있었다. 경기도 기획관으로부터 도시계획안을 받아 보고서 초안을 작성하여 우선 미니차트에 쓰도록 하였다. 한자를 혼용하는 시기이기 때문에 오자도 많이 생겨 수정이 필요했다. 그러나 아직 검토하지 않은 상태였다.

 점심을 일찍 하고 사무실에 들어왔는데 오치성 장관으로부터 빨리 성남시도시종합개발계획 보고서를 청와대로 가져오라는 연락이 왔다. 손수익 지방국장과 고건 부국장이 자리에 계시지 않았다. 나는 검토를 하지 못한 미니차트를 가지고 청와대로 갔다. 대기실에서 차트를 넘겨보니 틀린 한자가 여러 곳 눈에 띄었다. 급하게 오느라 지우개나 펜을 챙기지 못했다.
 조금 있으니 고건 부국장이 급하게 들어왔다. 둘이서 틀린 한자가 섞인 차트를 보고 있는데 오치성 장관이 오셔서 차트를 달라는 것이었다. 그대로 가지고 대통령에게 보고 드리러갔다.

초조하게 기다렸더니 장관이 보고를 마치고 아무 말 없이 차트를 돌려주셨다.

대통령께서 일일이 보시면서 줄도 치시고 도면 표시를 해 놓으시었다. 틀린 한자가 있는 차트는 복잡한 과정을 거치지 않고 '도시계획'으로 확정되었다.

그 뒤부터 나는 차트 보고서를 가지고 보고하러 갈 때에는 반드시 지우개, 펜 등 수정할 도구를 포켓에 담고 다니는 습관이 생기게 되었다.

(2) 국토가꾸기
- 돌모자철학

70년대 초반까지 우리나라는 예산의 뒷받침이 되지 않아서 도로를 개설하거나 확장하더라도 통행해 필요한 도로 공사만 시공하고 절개지 같은 주변의 정비를 하지 못한 채 방치하고 있었다. 이로 인해 경관을 해치고 붕괴나 유실현상이 발생할 우려를 안고 있었다.

박정희 대통령께서는 '이 땅은 조상의 뼈가 묻혀 있고 우리들이 또한 묻혀야 할 땅이며 우리의 자손만대가 지켜 나가야 할 보금자리이기 때문에 우리 국토를 보존해야 한다' 라는 친필지시(「국토를 보존하자」 1970년 5월 6일)를 내린 바 있다.

내무부에서는 새마을운동과 더불어 1972년 국토가꾸기를 전개하였다. 국토가꾸기는 허물어진 국토를 원상회복하고 운치있게 정비하는 일이다. 국토가꾸기를 준비하면서 김현옥 장관과 함께 서울에서 천안까지 국도를 따라가면서 절개지, 측구 등 훼손지의 정비 방법에 대해 의견을 교환하였다. 이것이 국토가꾸기를 추진하는데 자신감을 심어주는 계기가 되었다.

국토가꾸기를 함에 있어서는 가능한 한 현지에서 나오는 돌, 모래, 자갈, 떼를 활용하여 자연스럽게 가꾸도록 하였다. 우리는 이를 '돌모자철학(돌과 모래와 자갈)'이라 불렀다.

국토가꾸기를 위하여 기술직 공무원이 필요해 우수한 토목직공무원인 강원도청 한상영 토목기사를 배치하여 기술업무를 담당하게 하였다.

가장 눈에 띄는 곳이 도로변이다. 도로 가운데 가장 활용도가 높은 국도를 선정하여 단계적으로 국도변가꾸기를 추진하도록 하였다.

1단계는 서울~도청소재지간의 국도 7개 노선, 2단계는 도청~군청소재지간의 71개 노선, 3단계는 군청~읍면소재지간의 700개 노선을 추진 대상으로 삼았다.

이 사업을 제대로 추진하기 위하여 먼저 시범구간을 설정하여 현장에 알맞은 공법으로 시공한 다음 국토가꾸기 교육장으로 활용하기로 하였다. 서울~춘천간을 '경춘가도'라 명명하여 교육장 대상지로 선정하였다.

경춘가도는 산간지로서 굴곡이 심하여 경관이 좋고 맑은 물이 흐르고 있어 주변에 관광지가 많은 지역이다. 그러면서도 도로변에 절개지가 많고 측구, 공지(空地) 등 가꾸어야 할 대상지가 산재해 있었다. 주변에는 돌이 많고 하천을 끼고 있어 모래, 자갈 등 현지 자재가 풍부한 곳이다.

전 구간을 대상으로 정비를 하면서 특히 손질을 해야 할 대상이 많은 '빗고개'와 '마치고개' 두 곳을 선정하여 지형에 적합한 공법을 다양하게 개발 시공하여, 가꾸기방법을 집중적으로 습득할 수 있는 교육장으로 만들었다.

작업을 하다가 보니 공법에 명칭이 없는 것도 있었다. 언덕손질을 하면서 허물어지지 않게 철근과 시멘트로 심줄을 넣는 공법을 '심줄박기'라고 이름을 붙였다.

국토보존 교육용

국토가꾸기 교육용

국토가꾸기 교육장이 조성되어 시장군수, 도 시군의 기술지도공무원, 새마을지도자 등에게 현장교육을 실시하였다. 교본 「국토를 보존하자」(1972년 5월), 「국토가꾸기」(1972년 11일)도 발간 배포하여 작업에 활용하도록 하였다.

국도변가꾸기가 시작되자 수시로 내무부장관을 모시고 현장을 점검하러 다녔다. 이것이 국토가꾸기의 촉진제가 되었다.
국도변이 깜짝 놀랄 정도로 달라진 광경을 보고 나는 우리나라 공무원과 주민의 저력이 얼마나 큰 것인지, 가슴 뭉클한 감동을 느꼈다.
이러한 과정을 거치면서 국도변이 달라지고 국토가 아름답게 보존되게 된 것이다.
나는 국도변가꾸기의 현장과 공법을 슬라이드로 만들어 관련기관 기술공문원들에게 국토가꾸기 교육을 하러 부지런히 다녔다. 국도변가꾸기가 성과를 나타내자 건설부에서 관리하는 고속도로변도 달라지기 시작했다. 금후 도로를 개설하거나 확장공사를 하게 되면 당연히 절개지 등 주변 정비를 실시하여 운치있게 가꾸게 되었다.

국토가꾸기를 추진하면서 선진지 시찰을 하였다. 손수익 지방국장이 단장이 되어 나와 강우혁 과장, 지방 실무책임자 7명이 대만, 홍콩, 일본의 국토보존상황을 살펴보고 우리나라가 늦었다는 것을 깊이 깨달았다. 대만의 가로정비, 홍콩의 언덕

손질, 일본의 절개지정비와 측구정비, 수림 등은 우리에게 많은 것을 느끼게 했다.

　손수익 지방국장은 닛코(日光)에서 일본의 수해(樹海) 산림물결을 바라보면서 "이 사람들, 이 사람들"하며 감탄(혹은 개탄?)을 한 것이었다. 지금은 조금도 부러울 것이 없지만, 그 당시 우리나라는 민둥산이 많은 상태였다. 손수익 국장은 산림청장직을 맡아 우리나라 산림녹화의 주역이 되었다.

　박정희 대통령께서는 고속도로를 지나시다가 병충해에 감염된 오리나무를 보시고도 그대로 지나치지 않으셨다. 대통령께서 병충해 방제를 하도록 지시하시면 수행하는 내무부장관은 고속도로 몇 km 지점에 있는 병충해에 감염된 오리나무를 조사 방제하도록 하라고 즉시 내무부에 연락했다. 내무부에서는 관련 도에 통보하여 방제 조치하도록 하였다.

　고속도로변 초등학교 교정에 있는 수형 좋은 플라타너스의 가지가 심하게 전지된 것을 보시고 그리하지 않도록 지시하여 나무 보호의 지침이 되도록 하였다.

　지방 순시 중 수행하는 시도지사에게 초목의 이름을 잘 물으셨다. 자연히 시도지사, 시장군수들이 이에 관심을 갖게 되었다. 국토보존에 대한 대통령의 집념에 의해 우리나라 국토가 푸르러진 것이다.

(3) 소도읍가꾸기와 기능화

'소도읍'이라는 용어는 법적, 학문적 용어가 아니다. 내무부에서 법정 행정구역인 시(市)가 아닌 '읍면소재지와 이에 준하는 기능을 하는 취락지'를 가꾸기 하면서 지칭하는 데서 비롯된 용어이다.

소도읍은 도시와 농촌을 연결하는 중간지대로서 도시형 취락을 형성하고 있는 '준도시지역'이면서도, 도시에 비해 생활환경이 제대로 정비되지 않았다. 도시계획이 수립된 소도읍도 마찬가지 상태였다. 따라서 소도읍을 가꾸어 쾌적한 생활환경을 조성하고 농촌의 개발기지로 구축하면서 지방정주기반을 만들고자 소도읍가꾸기를 시작하게 되었다.

소도읍가꾸기 시책을 수립하는 과정에서 김현옥 장관으로부터 서울에서 도청소재지간의 소도읍 수를 정리해 달라는 지시를 받았다. 김 장관은 치안본부를 포함한 내무부 전 직원 조회 석상에서 '서울과 도청소재지간 108개의 소도읍을 가꾸어 농촌의 발전기지, 인구의 지방정주기능을 하도록 할 것이다'라고 공표하였다.

소도읍가꾸기의 추진은 국도변가꾸기에 맞추어 3단계로 나누었다. 서울~도청소재지간 7개 노선에 있는 소도읍 108개소를 1단계로 하고, 2단계로 도청~군청소재지간 소도읍 469개소, 3단계로 군청~읍면소재지간 928개 소도읍을 추진하기로 계획하여 지방자치단체 책임하에 시행하였다.

소도읍가꾸기는 지역 특성을 살려 추진하되 기초환경정비와 녹화를 주된 사업으로 선정하도록 하였다. 사업비 지원 여부에 따라 지원사업과 주민자력사업으로 분류하여 시행하였다.

소도읍가꾸기는 소도읍기능화 시책으로 발전하였다. 소도읍가꾸기의 시행으로 인해 소도읍기능화의 초석이 닦아진 것이다.

소도읍기능화는 소도읍이 이를 둘러싸고 있는 농촌지역의 정치, 경제, 사회, 문화적 중심지로 기능할 수 있도록 발전시켜 인구의 지방정주를 이룩하려는 시책이다.

나는 국방대학원에 1년간 다니면서 연구논문을 제출하는데 「소도읍기능화방안 -국가안보적 측면에서」(1978)를 작성했다. 나에게는 실무를 통해 추진한 사업이므로 이론적으로 정리하는 데 도움이 되었다.

그리고 한양대학교 대학원에서 박사학위 과정을 밟으면서 논문 과제를 선정하는 과정에서 고향 동료로서 동국대학교 국제정치학 교수로 재직중이던 김희오 박사께서 나에게 '국방대학원에서 소도읍기능화에 관한 논문을 썼으니 소도읍기능화를 발전시키는 것이 좋을 것 같다'는 조언을 주었다. 이에 따라 소도읍 과제를 선택해 「소도읍 육성정책의 발전방향에 관한 연구」(지도교수 박응격, 1994) 논문으로 행정학박사 학위를 취득하였으며 논문심사위원장이었던 김안재 교수의 주선에 의해 『소도읍개발론 -발전과정과 육성전략』(박문각, 1995) 이라는 단행본을 발간하였다.

(4) 특수사방

박정희 대통령의 지시

경상북도 월성군 외동면 모화리(현 경주시)와 경상남도 울주군 농소면 이화리(현 울산광역시) 도계 동대본산은 해발 500m ~600m의 산지로 토질이 화강암 마사토질로서 수해로 인해 심하게 부식이 된 민둥산이었다.

1967년 11월 11일 '원래 산의 경사가 급하고 암석지대임으로… 특수공법으로 기술적으로' 시공하도록 하라는 박 대통령의 지시에 의해 경상북도 지역에 대한 사방사업을 시행하였으나 1972년 9월 13일~14일 강수량 450mm, 시우량 135mm의 강우로 인해 피해가 우심했다.

그해 9월 18일 수해 현장을 시찰하신 박 대통령께서는 수해가 심한 도계의 산비탈과 계곡을 복구하고 전공무원의 시범교육장으로 활용할 것을 내무부장관에게 지시 하였다.

산비탈은 오랜 풍화작용이나 물의 침식 또는 중력과 토층의 활동에 따라 무너지거나 벗겨지거나 밀리거나 한다. 이와 같이 무너져 내리는 비탈과 토층이 밀리는 비탈은 특수사방에 의해 보호되지 않으면 보존되기 어렵다. 바로 이러한 지역이 경상남북도 도계 동대본산이다.

즉각 현지에 가다

대통령의 지시가 있자 감수학 자방국장, 고건 부국장, 도시지도과장인 나, 차주영 실무담당, 한상영 기술담당이 함께 현지로 떠났다. 경상남북도 관계관들과 함께 현장에서 합류하여 현장 조사를 마치고 경주 여관에 들려 공법을 논의하고 추진일정을 수립했다. 현장 특성에 따라 적합한 공법을 활용하도록 하고 계통사방, 완전사방, 노임사방의 3대원칙을 정했다.

계통사방은 물의 흐름을 따라 계통적으로 시공함으로써 산에 떨어진 빗물이 산정에서 산복으로, 산복에서 산록으로, 산록에서 계곡으로, 계곡에서 하천(소하천-중천-대천)으로 수계를 따라 자연스럽게 흐를 수 있도록 연계하여 정비하는 방식이다.

완전사방은 시공지역의 토질, 토성, 지세, 집수면적, 강우량 등 지역 특성을 감안하고 여기에 적응할 수 있는 토목공법을 도입하여 어떠한 호우에도 견뎌낼 수 있도록 완벽하게 시공하는 것이다.

적용 공법으로는 비탈에 파일박기, 옹벽쌓기, 심줄박기를 해 허물어지지 않게 하고 비탈수로에 돌쌓기 등을 실시했다. 계곡에는 낙차공, 측벽쌓기, 계곡석수로 등의 공법을 도입했다. 하천은 유형에 따라 돌붙이기, 돌망태, 떼붙이기 등 공법과 낙차공 시설공법을 적용했다.

노임사방은 특수사방을 하면서 가능한 한 현지 자재인 돌, 모래, 자갈, 떼를 최대한 활용하면서 노임을 살포하여 지역 주민의 농외소득을 증대시키고 사방지의 사후관리에 주민들의 관심도를 높이게 하는 방식이다.

나무심기는 특수사방지구에 알맞은 적성 수종을 선택하여 심도록 했다. 경사가 급하고 척박한 마사토질이기 때문에, 뿌리번식이 강한 나무, 키가 작은 나무, 속성녹화가 가능한 나무(활엽수종), 비탈면 균열을 억제하고 표토층 지지력을 돕는 수종을 식재하는 원칙을 정해, 쪽제비싸리, 참싸리, 사방오리나무, 산오리나무, 아카시아, 참나무 등과 억새, 갯버들 등의 풀을 심었다.

특수사방지구의 주변에는 유실수단지(밤나무 식재)를 조성하여 지역 주민의 농외소득을 증대시키도록 하였다.

이렇게 추진된 특수사방은 사방사업의 전기를 마련하는데 크게 기여하였다.

공구별 코드번호 부여 시공

사업추진은 곧 연말이 다가옴을 감안하여 두 단계로 나누었다. 1972년 10월 1일부터 11월말까지를 1단계로 잡고 1973년 3월부터 2단계로 설정하여 공사를 시행했다. 공구별로 1973년 4월까지 시공을 완료했으나 일부 지역만 8월 말까지 시공을 마쳤다.

경상남북도의 지역을 나누어 공구별로 코드번호를 부여하고, 담당자를 배치하여 시공에 임하도록 하였다. 현지 시공 책임자는 주로 경상남북도의 산림직과 치수직 공무원들이었으며, 경쟁적으로 시공을 더 잘 하려고 노력하였다.

대통령의 현지 시찰

1972년 11월 1일 박 대통령께서 예고 없이 헬기로 특수사방 현지를 시찰하셨다. 사방지공사 현장을 살피시고 보고를 받은 박 대통령께서는 "이 특수사방지는 전국 시장 군수 읍면장의 교육장이니 특수한 공법을 적용하여 자연스럽게 손질하고 사방사업의 전기가 되도록 할 것"을 지시하였다.

시도지사 회의

특수사방 현지에 가서 한 번도 집에 다녀가지 못했다. 현지 숙소에서 자고 현지조사, 설계, 공사착공, 시공 그리고 현장 문제의 조정 등을 위해 매일 현장에 나가서 일하는 분들과 함께 했다.

그러던 중 1972년 11월 28일에 경상북도 도청에서 대통령 주재 하에 시도지사 회의가 소집되었다. 그래서 회의에 배포할 『특수사방』 현황보고 책자(공사 화보)를 제작하기 위해 출판사인 삼화인쇄소에 갔다. 차주영, 한상영 등 실무자와 함께 출판사 사무실에서 편집을 하고 교정을 보았다. 현지 사진과 공법, 공구별 시공 현황, 공구별 일지, 얻어진 교훈 등을 담은 50여 쪽의 책자가 나오는 데는 쉽지 않았다. 겨우 시도지사 회의 날 아침에 비행기 편으로 수송되어 활용할 수 있었다.

특수사방 교육장으로 활용

공사가 끝나고 경남지역(지금은 울산광역시)을 제1교육장, 경북지역을 제2교육장으로 정하고 1973년 하반기부터 현장 교육을 실시하였다. 시도지사, 시장군수, 읍면장, 산림공무원, 도시군 새마을과장 등 많은 인원에 대한 현장 교육이 실시되었

시도지사 회의용

특수사방 -교육용

다. 내무부에서는 『특수사방』(1974년 1월 21일) 교재를 만들어 배포 활용하였다.

숲으로 우거져

그렇게 벗겨진 민둥산이 특수사방에 의해 푸르게 살아났다. 특수공법에 의해 시공한 지역은 안전했다. 잔디나 나무도 잘 자랐다. 빗물도 계통을 따라 흘러내렸다.

나는 얼마 전 그 앞을 지나면서 특수사방지를 찾으려 했으나 너무나 산림이 우거져 어디가 어디인지 분간할 수 없었다. 특수사방을 한 지도 40여년이 지났다. 산천이 네 번 바뀌는 세월이다. 특수사방을 할 때는 어떻게 지냈는지 모르게 시간을 보냈으나 지금 생각하니 흐뭇한 감이 온몸을 휘감는다.

(5) 새마을운동
- 도시새마을운동

나는 새마을운동이 시작할 때부터 참여하였다. 1970년 4월 22일 박정희 대통령께서 새마을운동을 제창하시고 바로 그해 농번기가 지난 하반기부터 그 이듬해인 1971년 5월까지 농촌 32,267마을에 시멘트 335포와 철근 1톤씩 지원하여 마을지도자를 중심으로 자율적으로 사업을 선정하여 시공하도록 하였다. 이를 335사업이라고 일컬었다. 이것은 새마을운동을 실시하기 위한 시범사업이었다.

이때 나는 영광군수로서 현장에 다니며 사업추진을 살폈다. 시멘트가 없어 손도 대지 못한 소규모 마을 숙원사업을 시공하게 되어 주민들의 환영속에 마칠 수 있었다.

이 시범사업을 평가하여 본격적으로 새마을운동을 추진하기 위해 내무부에서는 1971년 담당기구를 신설하게 되었다. 새마을담당관 아래 도시지도과, 농촌지도과, 주택지도과를 두었다. 나는 도시지도과장으로 임명 받아 새마을운동 실무담당자의 한 사람으로 참여하였다. 도시지도과에서는 도시새마을운동을 담당하였다.

농촌마을에 불붙은 새마을운동은 열화같이 타올랐다. 전국 방방곡곡에서 새마을노래가 울려 퍼지고 민관일체가 되어 경쟁적으로 새마을운동이 추진되었다. 오랫동안 잠재해 있던 국민의 저력이 한꺼번에 분출해 솟구쳐 오르는 것 같은 벅찬 분위기였다.

내무부는 여러 가지 새로운 사업계획을 수립하고 현장 점검을 하는 일 등으로 분주했다. 내무부의 복도는 바쁜 발걸음으로 부산했다. 지방국장(국장 손수익)실에서는 날마다 아침, 저녁으로 과장회의가 열려 사업추진 상황의 점검과 업무협의가 있었다. 지시사항도 자주 내려졌다.

우리나라는 6, 70년대 급속한 산업화와 도시화로 인해 도시인구가 급증했다. 이에 따라 도시슬럼화와 병리현상이 만연하여 심각한 도시문제로 부각되고 있었다. 도시는 둘러싸고 있는 농촌지역의 중심지로서 도시민의 의식구조와 행태는 배후지역인 농촌에 파급되는 성향이 강하여 도시의 건강성이 매우 긴요했다.

이러한 때 1970년대 초반 농촌에 불붙은 새마을운동은 도시에도 큰 자극을 주었다. 근면 자조 협동의 새마을정신을 구현하여 도시에 도사린 부조리를 몰아내고 새로운 시민상을 정립하여 건강한 도시로 발전시킬 수 있는 계기를 부여하였다.

박정희 대통령께서도 '농촌에서 활발하게 전개되고 있는 새마을운동은 우리 민족의 일대 약진운동으로서 결코 농촌에만 해당된 운동이 아니고 범국민적인 운동이 되어야' 하며 새마을운동에 '도시사람들도 적극 참여해야 할 것'이라고 강조하였다.

도시새마을운동은 이와 같이 도시의 내적 필요성과 외적 요인에 의하여 1972년 초에 시작되었다. 도시새마을운동의 추진방향과 방법에 대한 지침이 내무부(도시지도과)에서 작성 시달되었고 각 시에서는 도시 특성에 알맞은 실천지침을 만들어 도시새마을운동을 경쟁적으로 전개하였다. 시, 구, 동에는 도시새마을운동 담당부서를 두었다.

도시새마을운동을 추진함에 있어 도시구조의 특성 때문에 단일 구조인 농촌의 새마을운동 추진 방식이 그대로 적용될 수 없는 어려움이 있었다.

먼저 도시새마을운동은 추진 주체가 다양하다. 지역을 중심으로 중심가, 변두리, 상가, 주택가, 아파트단지 등 여러 가지 형태의 구조를 이루고 있다. 또한 도시에는 공공기관, 사회단체, 기업체 및 공장, 학교, 상가, 시장 등 이질적이며 다양한 직능단체들이 많이 자리 잡고 있다. 그러므로 지역과 직능으로 유형화하고 세분화된 주체들이 도시새마을운동을 전개하여야 했다.

또한 도시새마을운동은 실천과제가 다양하다. 시민으로서 지켜야 할 공통실천과제가 있는가 하면 주거의 입지와 직능단체의 성격에 따라 실천과제가 각양각색이다. 따라서 시민으로서 지켜야 할 공통사항을 실천하면서 소속된 지역과 직능단체에 따라 자율적으로 지도자를 중심으로 실천 요목을 협의 선정하여 실현해 나가야 했다.

그리고 농촌새마을운동은 물량적이고 가시적인 사업이 주를 이루고 있으나 도시새마을운동은 정신적 실천사항이 많다는 특징이 있다. 따라서 새마을정신 교육의 지속적 실시와 홍보 및 계도를 통한 체질화가 중대시되었다.

특히 생활환경개선이나 골목새마을운동, 퇴폐풍조 퇴출운동을 추진함에 있어 부녀새마을지도자의 역할이 중시되었다.

이와 같은 도시의 특성을 감안하여 도시새마을운동은 추진되어야 했다. 따라서 지역새마을운동과 직장(직능)새마을운동으로 크게 분류하고 지역단위는 기초생활권단위로, 직능단위는 직능단체별 활동단위로 추진하도록 하였다.

지역새마을운동은 공통사업으로 기초환경의 정비, 푸른 도시 조성하기, 시민윤리관의 확립에 중점을 두었다.

작장(직능)새마을운동은 직장환경의 정화, 생산윤리관의 확립, 건전사회 선도에 앞장서도록 하였다. 특히 공공기관과 지도층이 수범을 보이도록 하였다.

도시새마을운동을 추진하는데 있어 초기에는 주체별로 새마을정신의 점화에 역점을 두고, 하기 쉬운 일(예, 기초질서의 생활화, 생활환경의 정화)부터 착수하여 추진하는데 중점을 두도록 하였다.

다음 단계로 추진 주체별로 실천 사항을 선정하여 자율적으로 확대 실현해 나가도록 하였다. 이렇게 하여 건전한 도시생활기풍을 조성해 나아가도록 하였다.

도시새마을운동의 활성화를 위하여 새마을지도자(부녀새마을지도자) 발굴과 육성(교육)에 힘을 기울이고 새마을 홍보를 통한 시민 계도를 꾸준히 전개해 나가도록 하였다.

도시새마을운동을 추진하면서 많은 미담과 수범사례가 속출했다. 내무부에서는 이러한 사례를 모아 책자로 발간하여, 전파하도록 시에 시달하였다.

도시들은 도시새마을운동을 전개하면서 깨끗한 도시, 푸른 도시, 질서 있는 도시로 변모해 갔다.

나는 새마을운동이 시작되면서부터 참여하여 새마을담당관이 되어, 실무적으로 총괄하는 역할을 수행하여 '새마을맨'임을 자랑스럽게 생각한다. 전국새마을지도자대회(차관보 때, 대구대회) 사회를 볼 때는 새마을운동의 비중을 실감하면서 대회의 열기와 새마을지도자의 성공사례발표에 깊은 감명을 받았다.

(6) 석홍이 니가 해라

김현옥 장관이 불렀다. 고건 부국장과 함께 장관실에 갔다. 김 장관께서는 "대통령께서 건설부에서 관장하고 있는 가로수 관리를 내무부에서 맡으라 하시는데 석홍이 니가 해라." 하시면서 가로수 관리지침을 작성해 보고서를 올리라 했다. 그동안 가로수 관리는 방치상태에 있었다. 박정희 대통령의 국토보존과 녹화에 대한 집념은 가로수 관리에 까지 미쳤다.

당시 가로수에 관한 자료가 전혀 없었다. 건설부로 부터도 자료를 받지 못했다. ① 가로수 관리지침 작성, ② 가로수 현황 조사, ③ 슬라이드 작성의 세 팀으로 나누어 시한을 정해서 작업을 시작했다.

　가로수 관리지침 작성은 내가 직접 맡았다. 가로수 관리지침을 작성하기 위해 서점에 가서 수목 관리가 잘 되고 있는 일본 서적 다섯 권을 구입해 참고했다. 일본은 가로수를 병목(並木)이라 한다.
　당시는 통행금지가 있어 사무실에서 밤 12시 넘어서 일할 수 없었다. 차주영 주사와 함께 나의 집에 가서 야간작업을 하면서「가로수 관리지침」을 완성했다. 차주영 주사는 유능한 공무원으로 성실할 뿐 아니라 전달하는 내용을 정확히 이해하고 정리하는 것이 빨라 둘이서 함께 여러 가지 일을 했다.
　가로수의 정의로부터 가로수의 기능, 가로수 수종, 식재 지역과 식재 방법, 사후 관리로 분류 정리했다.
　가로수 수종은 내한성, 수형, 성장성(속성수), 적응성 등을 고려하여 선정하고 공통수종과 특수수종으로 분류하였다. 공통수종으로 플라타너스, 이태리포플러, 은수원사시, 수양버들, 은행나무 다섯 수종으로 정했다. 입지에 따라 선택해서 식재할 수 있는 특수수종으로는 벚나무, 가중나무, 히말라야시다, 단풍나무, 메타세콰이어, 곰솔, 칠엽수, 백합나무 등 여덟 가지로 정했다.
　가로수는 시가, 전원, 산간, 강변, 해안 지역에 따라 알맞은 수종을 선정하여 식재하도록 했다.

가로수는 여러 가지 기능을 한다. 가로수와 관련한 자료를 검토하던 중 일본 책자 『수목의 식재와 배식』(1969. 上原敬二) 안에 '1932년 6월 하순에서 7월 상순까지 많은 비가 내려 연안지방 5만ha가 물이 잠겨 가로수(포플러)가 ① 도로표지 역할 ② 수위를 확인할 수 있는 역할 ③ 전화 가설을 하는데 지주목 역할을 했다고 당시 경상남도 산림과장이 중앙정부에 보고했다는 기록이 있다'고 실증적인 자료를 인용하여 가로수의 기능을 설명한 것을 보고 자료 보관과 인용에 대해 감명을 받았다.

전국 가로수 조사는 국도, 지방도, 군도를 대상으로 실시하였다. 128만 2천본의 가로수가 식재되어 있었다. 재래종 포플러가 가장 많았고 플라타너스, 수양버들, 벚나무 순이었다. 가로수 식생률이 저조하여 17%에 불과했다.

「가로수 관리지침」은 박정희 대통령께 올려 재가를 받아 확정되었다. 「가로수 관리지침」과 '가로수 현황'을 정리한 슬라이드 보고는 1973년 6월 8일 경제동향보고 석상에서 보고를 하였다. 슬라이드 보고는 고건 부국장이 하였다. 그런 뒤 가로수 관리업무는 산림청에 이관하여 관리하도록 하였다.

(7) 도로포장사업을 추진하다

군도포장사업

80년대 초반, 우리나라 도로 사정은 열악했다. 국도(국가관리 도로)포장도 안 된 곳이 많았지만, 지방도(도관리 도로) 포장은 그보다 더 손이 미치지 않았고, 군도(군관리 도로)포장은 엄두도 내지 못 하였다.

정부에서는 도로 사정이 안 좋은 농촌의 교통 환경을 개선하여 농촌을 활성화하는 정책의 일환으로, 1978년 IBRD군도포장사업을 계획하였다. 사업비 2천억원으로 2천km의 군도를 포장하는 것을 내용으로 하였다.

군도포장사업은 내무부가 주관하여 각 도(道)로부터 포장이 필요한 군도 노선을 신청 받아, 군도의 중요도, 교통량, 사업의 파급효과 등을 조사하여 심사를 거쳐 우선순위에 따라 노선을 선정한 다음, 마지막으로 불란서 파리에 있는 IBRD본부와 합의하여 노선을 확정하였다. 이 사업은 차관사업임으로 경제기획원의 차관계획에 포함시켜 국회의 동의를 받아 시행했다.

군도포장사업은 1천km씩 2단계로 나누어 추진하였다. 포장사업을 시행하면서 도로가 넓어지고 다리가 놓아져 주민들의 호응 속에 진행되었다.

교통의 오지이던 영암군 신복촌에서 서호면 소재지를 거쳐 성재리까지 가는 군도포장도 이때 선정 시공되었다.

군도는 농촌 중에서도 비교적 오지에 위치하고 있어 도로가 협소하고 요철이 심해 차량이 잘 다니지 않는 노선이다. 따라서 농산물 수송이 어려워 농산물 생산에도 영향을 미쳤다. 군도포장을 통해 도로개선이 되어, 차량 통행이 늘어나면서 주민 교통이 편리해지고 비닐하우스가 들어서 생산하는 농산물의 품종이 달라지기 시작했다. 농가소득증대에 크게 기여하게 된 것이다.

군도포장사업은 농촌도로포장의 선도적 역할을 하였다. 지역에 따라 지방도가 포장이 안 된 상태에서 군도포장이 먼저 이루어짐으로써 지방도포장을 촉진하는 동인이 되기도 했다.

지방도포장사업

1981년 3월 25일 제11대 국회의원 선거 개표 날 저녁, 남덕우 국무총리께서 선거 담당 부처인 내무부에 격려차 들렸다. 내무부장관실에서 서정화 장관과 침체된 경기부양책을 논의하던 중, 경기부양책의 일환으로 사업비 2천억원을 기채하여 지방도포장사업을 추진하는 것이 좋겠다는 의견을 모았다. 지방도포장사업은 도(道)의 기채사업으로 정하여 도의 기채로 사업비를 조달하고 추후 국비에서 보전해 주도록 하였다.

도의 기채업무는 내무부에서 관장하고 있기 때문에, 지방도포장계획을 내무부에서 수립하도록 되어, 그날 저녁 지역개발업무를 담당하고 있는 나에게 지시가 내려졌다. 2천억원(2천

km) 지방도포장사업 대상 노선을 도별로 선정하여 다음 날 오전 9시까지 장관에게 가져오라는 것이었다.

시간이 촉박하였으므로 나는 지방도 노선 선정원칙과 사업추진방법을 직접 작성하고, 제주도를 제외한 9개 도에 사업비를 배정하여 10개 내외의 노선을 선정, 우선순위를 정해 전화 보고하도록 하였다.

도에서 선정한 노선을 취합하여 작성한 지방도포장사업계획은 다음 날 국무총리께서 대통령의 재가를 받아 확정되었다. 지방도포장사업에 소요되는 사업비는 각 도에서 내무부장관의 기채 승인을 받아 사업이 시행되었다.

이때 국도와 같은 기능을 하는 지방도가 포장되어 지방의 오랜 숙원사업을 해결하게 되었다. 영암읍~독천간의 지방도포장사업도 책정되어 포장된 국도를 따라(영암읍~성전~독천) 우회해 다니는 어려움을 해소하게 되었다.

지방도 포장이 됨으로써 주변을 정비하여 경관을 살리고 도로변에 벚나무 가로수를 심어 훗날 만발한 벚꽃길이 관광의 거리가 되도록 한 지방자치단체들이 생겨났다.(사례, 영암군)

(8) 헌법위반 아닙니까?
- 지방교부세 13.27%로 고정하다

지방교부세는 지방재정을 보전해 주는 제도이다. 지방재정에서는 중요한 비중을 차지한다. 지방교부세가 내국세의 17.6%로 고정되어 이 중 16%는 보통교부세로 일정 기준에 의하여 시도 시군에 배정을 하고 나머지 1.6%는 특별교부세로 특별한 재정수요가 있을 때 지방자치단체에 배정해 주었다.

이 지방교부세가 대통령의 긴급재정명령(1972년)에 의해 고정률이 정지되었다. 그래서 경제기획원의 예산실에서 교부율을 결정했다. 대체로 기본 교부세는 내국세의 10%정도로 책정되고 나머지는 국고에서 부담해야 할 지방 지원 사업비를 지방교부세에 포함시켜 매년 내국세의 15%정도가 지방교부세로 책정되었다. 외형적으로는 지방교부세가 15%정도이지만 실제 지방자치단체에서 사용할 수 있는 지방교부세는 내국세의 10%정도에 지나지 않았다.

나는 지방재정국장으로 취임하여 경제기획원 예산실에서 지방교부세를 책정하는 과정을 보면서 어떤 형태로든지 지방교부세를 종전처럼 일정률로 고정화 시켜야 하겠다는 생각을 가지고 있었다. 그러던 중 1982년 어느 날 지방재정국 아침 과장회의에서 지방교부세를 고정시켜야 하겠다는 말을 했더니 강영기 공기업과장이 "그건 헌법 위반 아닙니까?" 라고 하는 것이었다. 그러했다. 헌법 위반이다. 긴급재정명령(1972년)이 있은 뒤 헌법이 개정되었는데도 지방교부세 고정률을 묶어놓고 있는 긴급재정명령이 그대로 존치한다는 것은 위헌이다. 나는 즉시 지방교부세 교부율의 고정 작업을 추진하기로 마음먹었다.

먼저 지방교부세의 대명사로 불리는 정종택 정무장관을 만났다. 교부세율을 긴급재정명령으로 지금까지 묶어놓은 것은 헌법 위반이라 설명하고 지방교부세의 교부율을 고정하는 작업을 함께 추진하기로 했다. 내무부 손재식 차관은 재정부국장 출신이어서 지방교부세에 대해 관심이 많았다. 손 차관은 고정률 추진에 대해 찬의를 표명해 주었다.

나는 지방교부세에 관한 외국 제도를 검토했다. 지방교부세를 일정률로 고정시키면서 필요시 중앙정부에서 추가로 사업을 지정하여 교부하는 제도를 운영하고 있었다. 그래서 일정률의 지방교부세를 고정화하고 필요시 별도의 지방교부세를 교부할 수 있도록 하는 법개정 작업을 추진했다.

청와대와 경제기획원 장관의 지방교부세 교부율 고정에 대한 동의는 정종택 장관이 받도록 했다. 그러나 경제기획원은 하한선만 정해 두고 매년 하한선 이상의 지방교부세를 심의 결정하게 하자는 주장이었다. 이렇게 되면 국비 부담을 지방교부세에 추가하여 외형만 늘리는 것이 되어 현재와 다를 것이 없으므로 교부세율이 얼마가 되든지 고정시키는 방향으로 추진했다. 내심 13.2%(보통교부세 12%+특별교부세 1.2%)를 염두에 두고 당년도 지방교부세 중 국고보조금 전가분 등을 계산하여 15.4%안을 작성했다.

손재식 차관과 함께 민정당 정책위원회 의장인 나석호 의원을 만나 교부세율 고정의 타당성을 설명하고 15.4%안을 제시하면서 당에서 협조해 줄 것을 부탁했다.

그 다음날 나석호 정책위원회 의장께서 경제기획원, 내무부, 문교부 차관 회의를 소집했다. 교부세율을 고정하기 위해 정책위원회 의장실에서 회의가 열렸다. 경제기획원에서 차관과 예산총괄담당관, 문교부에서 차관과 보통교육국장, 내무부에서 손재식 차관과 지방재정국장인 내가 참석했다.

먼저 교부세율의 고정 여부에 대한 의견 교환이 있었다. 경제기획원측은 최저기준안을 주장했으나 내무부와 교육부는 고정률을 주장해 고정하기로 결정했다. 다음은 고정률을 정했다. 당년도 지방교부세 중 국고부담금을 지방에 전가하기 위해 지방교부세에 가산한 금액을 제외하니 13.27%가 나왔다. 내무부와 문교부는 이 숫자에 찬성하여 결국 고정률이 13.27%로 결정되었다. 이렇게 해서 법률개정작업이 진행되었다.

국회 본회의 질의자로 결정된 박윤종 의원은 지방재정국장실에 들렸다. 박 의원과 나는 질의사항에 대해 상의했다. 광주광역시 승격 요건에 대한 얘기를 나누고 나는 지방교부세 질의자료를 박윤종 의원에게 제공했다. 대통령 긴급재정명령으로 지방교부세 교부율이 정지되어 있는데 헌법까지 개정된 마당에 이는 헌법 위반이 아니냐는 요지였다.

나는 박윤종 의원 질의 시 국회본회의장에 가 있었다. 박윤종 의원이 지방교부세의 교부율에 대한 질의를 하자 남덕우 국무총리는 이 사실을 처음 아시는 것 같았다. 총리실 비서관이 국회본회의장 정부석 뒤쪽에 앉아 있는 나에게 와서 남덕우 총리께서 "아직도 긴급재정명령이 적용되고 있느냐?" 라고 물었다는 것이다. 그날 국회 본회의가 끝나고 내무부 사무실에 돌아가 있는데 여러 기관에서 그 내용을 문의해 왔다. 이런 과정을 거치면서 지방교부세 고정률 개정 작업이 진행되었다.

지방교부세 13.27% 개정법률안이 국무회의에서 의결되고 필요시 별도로 추가 교부세를 교부하는 규정은 국회 내무위원회에서 수정안을 제출하여 의결하기로 했다. 내무위원회에서 현경대 의원의 수정법률안 제안으로 필요시 지방교부세를 추가 지급할 수 있는 규정이 고정률 13.27%와 함께 입법화되었다.(1982년 4월)

내무부 차관보 때의 일이다. 청와대에서 내무부 신년도 업무보고를 마치고 전두환 대통령께서 "지방교부세율이 13%이면 13%이지 13.27%가 무엇인가?" 하시는 것이었다. 모두 가만히 있었다. 대통령께서는 "물론 지방재정도 어렵겠지." 말씀 하시고 "내무부장관 좀 남으시오." 라고 하셨다.

대통령의 말씀을 듣고 나온 주영복 장관은 대통령께서 국가에서 부담해 주어야 할 지방도포장 기채사업비 중 1,500억원을 지방자치단체에서 부담토록 하라는 하명이 있었다는 것이다. 이는 경제기획원의 요청 사항이었으나 내무부의 반대로 합의가 이루어지지 않은 사안이었다.

나는 대통령의 지시대로 부담하도록 하자고 장관에게 말씀

드렸다. 지방교부세, 교육교부금, 국방비 등 필수 부담금으로 국가재정이 어렵기 때문에 교부세율을 고정한 대가로 국가에서 부담해야 할 지방채 사업비를 지방자치단체에서 부담하게 된 사례이다.

(9) 내 고장 뿌리찾기운동 추진

사람들이 고장에 정주할 마음을 가질 수 있도록 하기 위한 시책의 하나로 '내 고장 문화에 대한 긍지심'을 심어주는 방책이 필요하다. 따라서 내 고장에 오래 전승되어 오는 문화의 뿌리를 찾아 보존하고 교육하며 홍보하여야 한다. 그래서 지역개발업무를 관장하는 지방개발국에서 지침을 마련, '내 고장 뿌리찾기운동'을 전개하게 된 것이다. 외국에서도 국토개발계획을 수립하면서 '내 고장 전통문화 찾기'를 포함시키는 사례가 있다.

내 고장 뿌리찾기운동은
① 내 고장 유적 유물 조사 보존하기 ② 내 고장 전통가꾸기 ③ 내 고장 역사적 인물 찾아 선양하기 등이다.
지방에는 전해 오는 크고 작은 유적과 유물이 있다. 이를 찾아서 보존, 관리하고 내 고장의 자랑으로 승화시키는 것이다.
전해 내려오는 내 고장의 무형유산(예, 고싸움), 고유한 전통, 세시풍속 등을 찾아 보존하고 재현 활성화하여야 한다.

나라와 고장을 빛낸 인물을 찾아서 발자취와 기록을 추적 보존하고 선양하는 일도 중요하다.

이와 같은 내 고장의 역사 문화적 자랑을 찾아 책자로 정리 보급하고 보존, 홍보하며 고장의 학교 교육을 통해 지역 학생들에게 어렸을 때부터 내 고장에 대한 자랑이 가슴에 스미도록 하여야 한다.

이와 같은 시책을 지방자치단체가 주관하여 주민들과 함께 추진하도록 하였으며 지방자치단체에서는 역사와 문화에 대한 중요성을 인식하고 경쟁적으로 내 고장 뿌리찾기운동을 전개하여 성과를 거두었다.

(10) 건전한 도시개발을 위하여

내무부(도시지도과)에서는 시도종합개발계획과 신도시개발지역에 대해 계획서를 받아 심의하는 업무를 수행했다. 이 과정 중 당시 경기도 안산개발지역에 소재한 상록수의 주인공 최영신의 집을 헐고 개발하는 내용이 눈에 띄었다. 나는 깜짝 놀라 계획을 변경하여 이 집을 보존하도록 의견을 주었다.

도시로의 인구집중과 도시개발이 한창 이루어지는 시기이기 때문에 난개발을 방지하고 건전한 도시개발을 위하여 자문단인 도시평가단을 구성하여 순회하면서 도시개발 전반에 대한 평가와 자문을 하는 역할을 했다. 김안재 교수, 최상철 교수, 차병권 교수, 주종원 교수, 박병주 교수 등 여러 저명 교수들이 전문분야별로 참여하였다.

내무부에서는 1969년 한국도시연감 창간호를 발간하였다. 그 뒤 발간이 중단되어 있었으나 도시지도과에서 1972년도부터 매년 발간하여 도시 현황을 기록으로 남겼다. 김흥래 사무관이 이 업무를 전담하였다.

08 ───────

전라남도
도지사가 되어

전라남도 도지사가 되어

　내무부 차관보(1982. 5. 31~1984. 10. 9)로 장기 근무했다. 주영복 내무부장관으로부터 청와대 행정수석비서관으로 내정되었다는 통보를 받았다. 바로 이틀 뒤 장관실에서 불러 갔더니 전라남도 도지사로 가야 하겠으니 준비하라고 하였다. 1984년 10월 10일 임명장을 받고 바로 대구 전국체전행사에 참석했다가 12일 도지사로 취임했다. 취임 5일 만에 주암댐 기공식(10월 17일)과 다음날 진도교 준공식(10월 18일)에 대통령을 모셨다.
　도지사로 발령 받은 나는 예향인 광주에 손색없는 종합예술회관과 실내체육관 건립, 왕인박사유적지 정비 세 가지 사업을 반드시 추진해야 하겠다는 생각을 가지고 취임했다.

(1) 광주종합문화예술회관 건립
  - 예향의 긍지를 살리려

 나는 '지방문화의 진흥'을 도정방침의 하나로 설정하고 「문화예술진흥10개년계획」을 수립하여 전통문화의 발굴 보존, 문화예술시설의 확충, 문화예술의 창조 지원 등 여러 분야에 걸쳐 추진 방향을 정하고 분야별 시책을 추진해 나갔다. 문화행정에 대한 철학을 정립하여 문화예술의 진흥 → 주민의 긍지 → 내 고장에 대한 애착 → 살고 싶은 고장 → 애향심 → 애국심으로 승화되는 기본 틀을 마련한 것이다. 이 기조하에서 문화시책을 전개해 나갔다.

 예향인 우리 고장에는 각종 공연을 제대로 할 수 있는 공간 하나 없었다. 이름 있는 공연을 하려 해도 알맞은 시설이 없어 어려움을 겪은 적이 한두번이 아니었다. 나는 광주시장 재임 시부터 이를 뼈저리게 체험해 왔다. 도청 가까이에 있는 도지사공관 자리에 건립한 남도예술회관이 있지만 시설 규모가 작아 공연의 대규모화로 인한 수요를 충족하기에는 미치지 못했다.

 예향으로서의 면모를 갖추기 위해서는 대규모 공연이 가능한 예술공간을 마련하여 지역주민 뿐 아니라 예술을 애호하는 외지인도 쉽게 접근할 수 있도록 하는 일이 시급했다.

도지사로 취임하자 바로 광주종합예술회관 건립계획을 수립하기 시작했다.

그러던 중 이진희 문화공보부장관이 1985년 1월 10일 국립광주박물관에서 개최된 '호남 한국화 300년전'과 신양파크에서 있은 예술인초청만찬회에 참석하기 위해 광주에 오시게 되었다.

나는 한국화전 개막식이 끝난 뒤 이진희 장관을 도지사실로 모시고 와서 광주종합예술회관 건립의 필요성과 추진계획을 보고하고 정부의 지원을 요청했다. 이 장관께서는 쾌히 동의하고 우선 문예진흥기금에서 20억원을 보조해 주고 계속해서 지원하겠다는 약속을 해 주었다.

나는 저녁에 있는 예술인초청만찬회에서 지원 약속을 해 주시도록 부탁드렸다. 이 장관께서는 말씀드린 대로 해 주었고 만찬에 참석한 문화예술인들의 큰 박수를 받았다. 당시의 20억원은 적은 금액이 아니었다.

사업계획을 구체화하면서 어디에다 지을 것인가가 가장 큰 과제였다. 필요한 규모의 부지, 접근하기 편리한 위치, 주민들이 보람으로 느낄 수 있는 자리를 찾는다는 것은 쉬운 일이 아니었다. 한번 지으면 다시 짓기 어려운 백년대계이므로 시간이 걸리더라도 가장 알맞은 자리를 찾아 제대로 지어야 한다는 생각이었다. 위치를 찾아서 결정하는 데는 6개월간의 시간이 소요되었다. 몇 곳을 보았으나 위치, 규모 면에서 적합하지 않았다.

마지막으로 광주시에서 제시한 자리가 현재의 예술회관 위치이다. 고속도로 입구에 있는 국립광주박물관, 민속박물관, 어린이대공원과 연결되어 광주문화권이 형성될 수 있는 곳이다. 높지 않은 산등성이가 감싸고 있는 안쪽 산록이다. 소나무가 무성한 야산으로 밖에서 보기에는 별로 넓게 보이지 않았다. 이미 많은 시간을 보내면서 여러 위치를 보고 부적격으로 판정한 터라 김동환 광주시장, 임병성 광주예총지부장, 강영기 기획관리실장과 함께 마지막 기대를 가지고 소나무 숲 속으로 들어갔다. 안쪽으로 들어가 보니 밖에서 보기와는 달리 장소가 넓었다. 오랜만에 찾고 있던 자리를 제대로 발견한 기쁨에 우리는 그 자리에서 환희의 박수를 쳤다.

위치를 확정하고 부지의 범위를 현지에서 정했다. 나오는 길에 출입구가 될 지리에서 둘러보니 무등산이 좌측에 제 모습으로 우뚝 서 있고 시가지가 한눈에 내려다 보였다. 시의 출입구에 위치하여 많은 사람이 왕래하는데 편리한 곳이라는 생각이 들었다.

광주종합예술회관은 당시 대통령께서도 관심을 가지신 사업으로 특별보고 시 위치를 물으신 바 있어, 1985년 9월 25일 곡성군 곡성읍 장선리 벼베기 현장에 가는 길에 종합예술회관 앞을 지나면서 그 위치와 규모를 설명해 드렸다.

위치가 정해지자 업무는 급속도로 진행되었다. 우리나라의 지방에 있는 예술회관 중에서는 가장 규모가 크고 잘된 시설로 짓겠다는 생각이었다. 그렇게 하기 위하여 전라남도와 광주시의 설계관계 공무원, 임병성 예총지부장, 건축설계회사 책임자를 유럽에 보내 불란서, 독일 등 선진국의 공연시설을 일일이 견학하고 오도록 파견했다. 그들은 특별히 내부시설 등에 역점을 두고 상세히 보고 돌아 왔다. 그들의 선진국 시찰은 큰 도움이 되었다. 외부보다는 내부의 음향이나 무대, 편의시설이 중요하다는 결론을 내리고 설계에 착수했다.

종합예술회관은 대공연장, 소공연장, 미술관, 국악당, 마당놀이장, 조각전시장 등을 설치하기로 했다. 원활한 사업 추진을 위하여 추진위원회를 구성하고 문화예술인과의 간담회도 몇 차례 가졌다. 대공연장 규모는 1800석으로 설계했다.

다만 공연에는 음향이 무엇보다 중요하므로 여기에 역점을 두도록 했다. 설계의 마지막 단계에서는 무대의 크기가 음악, 연극, 무용 등 공연 내용에 따라 다름으로 전문분야 인사들의 의견을 충분히 들어 반영했다.

종합예술회관은 1985년 12월 20일 기공을 하였다. 이날 나는 "전남은 예향으로 전통을 연면히 이어 내려오고 있는 고장으로서 문화예술진흥을 위한 문화공간의 확충이 절실했던 것"이며 "예술 활동을 조장하는 문화공간의 확보는 문화예술진흥의 절대 요건"이 아닐 수 없다고 식사를 통해 강조했다.

광주종합예술회관 기공식

　용지매입은 광주시에서 담당하고 공사는 전라남도에서 관장하여 추진하였다. 그러던 중 1986년 11월 1일 광주시가 광역시(당시 직할시)로 승격되어 전라남도에서 분리됨으로써 시공 중이던 종합예술회관사업을 예산과 함께 광주시로 이관하였다. 공사는 착공한 지 8년여만인 1993년에, 강영기 시장 때 완공되었다. 2만2천여평의 부지에 6천여평의 건조물이 축조된 것이다.

　이 과정 중 교통환경 등 당초 예측하지 못했던 여건변화에 맞추어, 조정 시공함으로써 파생될 수 있는 문제를 예방하는 효과를 거두었다. 바로 이것이 단기적으로 과실을 거두려는 '내 임기 중'에가 아니라 멀리 내다보고 시행하는 '씨 뿌리는 행정'

의 한 성과라 할 수 있다.

(2) 광주(염주)실내체육관 건립

제68회 전국체전이 전라남도에서 개최하기로 확정된 것은 1985년 12월 20일이다. 전국체전개최지 문제가 나왔을 때 광주시가 광역시승격으로 전라남도로부터 분리되면 광주광역시가 주관해야 하니 준비관계상 어려움이 있고 체육시설이 빈약하여 시설 확보에 막대한 예산이 소요된다는 이유를 들어 바로 동의하지 않았다.

그러나 대한체육회의 권유에 따라 광주와 전남에서 분산 개최, 부족한 체육시설의 신설, 노후시설 보수, 이에 따른 중앙정부의 재정지원을 전제로 제68회 전국체전이 전남에서 개최하도록 결정되었다.

전국체전을 광주와 전남에서 분산 개최함으로써 부족한 체육시설을 확보하는 계기가 되었다. 광주실내체육관, 목포수영장, 목포조정·카누경기장, 여수요트장, 순천종합운동장, 순천연식경기장, 나주종합사격장, 나주싸이클경기장을 신설하고 목포실내체육관(배구), 목포공설운동장(하키), 여수씨름장 등 몇 가지 시설은 개보수하기로 했으며, 광주경마시설은 이전하기로 하였다. 신규시설을 확보하는데 국비지원을 받는 문제가 컸다. 특히 광주실내체육관 신설 예산확보에는 어려운 과정을 거쳐야 했다.

　체육시설 중 마지막까지 문제가 된 것은 광주실내체육관이었다. 광주에는 서구 구동에 실내체육관이 있었으나 1965년도 제46회 전국체전을 개최하면서 건립한 시설로서 규모가 작고 노후하였다. 더군다나 핸드볼경기를 할 수 없었다. 이를 이유로 중앙정부에 실내체육관 신설을 요청하였다. 중앙정부 예산 실무진은 실내체육관 건립을 하지 않는 방향으로 방침을 정하고 전남대학교 체육관에서 핸드볼이 가능하다는 것을 이미 조사해 놓았다. 나는 예산담당책임자를 만나 광주에 실내체육관 신설을 하지 않는다면 전국체전 광주개최 의의가 없으니 반드시 지원해 주어야 한다고 주장했다. 나와 고등고시 동기인 그는 "나는 끝까지 안 된다고 할터이니 그리 알아 달라."고 했다. 이 말은 며칠 뒤 있을 실무협의회 때 전남에서 끝까지 실내체육관 신설 주장을 굽히지 말아달라는 얘기로 들렸다.
　나는 김만재 경제기획원 장관에게 가서 광주실내체육관 신설 지원을 건의드렸다. 김 장관은 이의 없이 긍정적으로 받아주었다. 실무협의회에는 이병내 부지사, 강영기 기획관리실장, 박관주 체육회 상임부회장이 참석하여 조금도 물러서지 않았다. 결국 광주실내체육관 신설 지원이 대통령의 재가를 받아 결정되어 신축을 하게 되었다.

　실내체육관의 위치는 박관주 상임부회장이 주관하여 광주시

실무진과 함께 물색하다가 최종으로 지금의 염주실내체육관 자리로 결정을 했다. 진입로는 북쪽인데 체육관 정문은 남향으로 설계된 까닭에 우측으로 돌아서 정문에 들어가게 되어 있었다. 나는 현장 확인 시 설명을 듣고 정문을 북향으로 바꾸고 입구 도로는 직선으로 개설하도록 지시했다. 이렇게 해서 광주에 규모 있는 실내체육관을 건립하게 되었으며 설계까지 완료한 상태에서 광주시의 광역시 승격에 따라 광주시에 이관하여 실내체육관 공사를 시공케 되었다.

(3) 왕인박사유적지 정비사업 추진

왕인박사는 백제의 현인(賢人)으로 405년(백제 17대 아신왕 14년, 일본 응신천황 16년) 일본 응신천황의 초청을 받아 논어 10권과 천자문 1권 등을 가지고 일본으로 건너가, 태자의 스승이 되어 여러 전적(典籍)을 가르치고 일본에 학문을 전수하여 문명화의 기틀을 닦았다. 아울러 난파진가(難波津歌)를 지어 일본 와가(和歌)의 창시자로 전해지고 한자를 이용하여 일본말을 표현하는 만요가나(萬葉假名)를 만들었으며 유교 경전의 전래자로서 유학의 개조(開祖)로 추앙받고 있다. 왕인박사의 묘는 오사카부 히라카다시(大阪府 枚方市)에 있으며 매년 11월 3일 묘전제(墓前祭)가 거행되고 있다.

왕인박사유적지 조사와 도 사적지 지정

우리나라에서 유일하게 왕인박사의 탄신지, 수학지, 일본으로 건너간 항구 등이 오래 전부터 구전으로 전해 온 곳은 영암군 군서면 구림 성기동 뿐이다. 중학교 2학년 때 동양사를 가르치신 장희경 선생님께서 일본에 천자문과 논어를 가지고 가서 일본 아스카문화의 기반을 닦으신 분이 왕인박사이며 그는 바로 영암 구림출신이라고 말씀해 주셨다. 그때 나는 가슴 뿌듯한 긍지가 솟구쳐 오르는 것을 느꼈다.

왕인박사 유적지 조사가 본격화된 것은 1973년 10월 3일 왕인박사유적조사단(단장 이선근 박사 -한국문화재보호회 회장)이 구성되어 각종 문헌과 구비전설을 검토하고 현지유적을 답사하면서 부터이다. 1973년 10월 25일에는 왕인박사현창협회(초대 회장 이선근 박사)가 창립되어 왕인박사유적지 조사연구를 통해 왕인박사유적지가 1976년 9월 30일 전라남도 지방문화재 사적 20호로 지정되었다. 그리고 1976년 11월 11일에 왕인박사현창협회 주관으로 '백제왕인박사유허비'(이은상 박사 지음, 김상필 씀)를 제막하였다. 이때 나는 광주시장으로 재임 중이었으며 '재막식집행위원회' 일원으로 재막식 행사에 참석했다.

왕인박사유적지 정비

나는 도지사로 취임하자 왕인박사유적지 정비계획을 수립하여 1985년 2월 1일 대통령 연두순시 시 특별보고를 드리면서 "일본 사람들이 우리나라에 와서 무릎 꿇고 큰 절을 올릴 곳은 왕인박사 사우뿐일 것입니다."라고 말씀을 드렸다. 대통령께서도 쾌락해 주셨다.

위치는 유적지를 보존하면서 큰길에서 잘 보일 수 있게 유허비 옆으로 잡았다. 1,700여평의 부지 위에 왕인묘(사당 27평), 학이문(내삼문), 백제문(외삼문) 전시관(27평)이 들어서고, 수학지인 문산재(27평)와 양사재(13평)를 원위치에 복원하며 탄신지와 성천 정비 등을 하도록 하였다. 1985년부터 1987년까지 3개년 계획으로 1985년 8월 16일 착공하였다.

사업의 예산집행은 도지사의 예산승인으로 사용이 가능한 방안을 택해 영암군에서 관장하도록 했다. 여기에는 도비, 지방교부세, 국비(국민관광단지사업비)가 투입되었다. 전라남도에서는 강영기 기획관리실장, 정병철 문화공보실장, 조우현 문화재계장이 실무를 담당하여 계획을 수립, 추진하였다. 김옥현 영암군수는 초대 도 문화재과장을 역임하여 문화재에 조예가 깊은 공무원으로 왕인박사유적지 정비사업 수행에 크게 기여했다.

이 공사에 쓰이는 목재는 춘양목을 사용하도록 했다. 그러나 춘양목의 확보가 쉽지 않았다. 나는 송광사에서 사찰공사를 하

송광사 사찰공사 방문

면서 춘양목을 찜통에 쪄서 수분을 제거하고 음건한 다음 불로 표면을 그을리는 과정을 거쳐 정성스럽게 특수처리하고 있는 광경을 본 적이 있다. 그래서 송광사에 들러(1985년 11월 21일) 송광사에서 확보하고 있는 춘양목을 필요한 만큼 왕인박사유적지 건축 공사에 사용할 수 있도록 도와 달라고 공사담당 현고 총무스님께 부탁하여 도움을 받을 수 있었다.

기와는 KS마크는 아니지만 강진에서 굽는 기와가 겨울에 튀지 않고 질이 좋아 이것을 쓰도록 했다. 공사를 맡아준 남양건설(마형렬 사장)에서는 손해를 감수하면서 역사적인 문화재를 창조한다는 자부심을 가지고 시공해 주어 문화재 전문가들의 칭찬을 받았다.

왕인박사 유적지 공사 현장 시찰

  이 사업은 예정대로 완공되어 1987년 9월 26일 준공식을 가졌다.
  참으로 의의 있는 사업을 이루었다는 생각이 들었다. 많은 분들의 연구와 참여, 지원으로 성취된 것이다. 특히 왕인박사현창협회 민준식 회장, 신태호 이사장, 박찬우 전무이사, 왕인박사연구소 이을호 소장의 뒷받침은 큰 것이었다.
  나는 이날 치사를 통해 "이곳은 왕인박사유적지로 전해온 곳입니다. 그러나 그동안 방치되어 있었습니다. 그러다가 1976년에 유허비가 들어섰습니다. 이제 유적지가 복원되었습니다. 오늘의 뜻 깊은 준공을 문화국민으로서의 긍지를 드높이는 계기로 삼읍시다."라고 역설했다.

왕인묘 테이프 커팅식

 이날 행사에는 야나이 신이찌(梁井新一) 주한 일본 대사가 참석하여 축사를 했다. 그는 "기록에 기술되어 있는 왕인박사는 논어, 천자문을 가지고 일본에 가 학문을 전수했을 뿐 아니라, 갖가지 기술을 전하고 고대 일본의 정치, 경제, 문화발전에 기여하여 아스카문화(飛鳥文化)의 기초를 구축했습니다. 그 왕인박사의 유적이 정비되었음은 기쁩니다."라고 하였다.

 이곳은 격조 높은 문화관광지가 되고 학생들의 산 학습장이 될 뿐 아니라 일본사람들이 와서 머리 숙여 참배하는 자리가 되고 있다. 또한 영암의 살아 숨 쉬는 문화의 뿌리가 되는 공간으로 내 고장에 대한 자긍심을 심어주고 있다.

 왕인박사유적지의 보존·관리를 위하여 내무부장관의 승인

을 받아 영암군 산하에 왕인박사유적지관리사무소를 설치하였다.(1987년 3월 1일)

왕인박사 도일경로 행군(릴레이)행사

일본 대판흥은(大阪興銀)에서는 창립30주년 기념사업으로 재일동포 기업가인 이희건 이사장께서 재일동포 2, 3세들에게 일본문화의 시조인 왕인박사의 도일경로를 행군케 함으로써 문화적 긍지와 조국애를 고취시키고자 왕인박사 도일경로 행군을 계획 시행하여 한일양국의 주목을 받았다.

행군 출발 전날 9월 10일 오후 광주에 도착한 대판흥은 재일동포 87명은 도지사 초청 환영만찬에 초대를 받았다. 환영만찬은 오후 7시 광주신양파크호텔에서 열렸다. 여기에는 재일동포, 도단위기관장, 왕인박사현창협회 임원 등 120여명이 자리를 함께 했다. 나는 환영인사를 통해 '고대 일본에 우리 학문과 문화를 전한 왕인박사의 도일경로 행군은 우리 고대문화에 대한 긍지를 드높이고 1,600여년 전 근원을 찾는 의의 깊은 행사'라고 말하면서 왕인박사유적지 복원사업이 3개년 계획으로 추진되고 있으므로 이 사실을 재일동포에게 전해달라고 당부하였다.

1985년 9월 11일 9시부터 9시 30분까지 도청 앞에서 유동사거리까지 퍼레이드를 벌였다. 나와 이희건 이사장, 민준식 왕인박사현창협회 회장을 비롯하여 80여명의 재일교포, 기관

(앞줄) 전석홍 지사, 이희건 회장

장, 현창협회 간부가 백제복을 입고 참여하여 행진의 막이 올랐다.

바로 이어 성기동 현지에서 나와 민준식 회장, 이을호 박사, 김옥현 영암군수를 비롯하여 7백여명이 참석한 가운데 발대식을 가진 뒤, 재일동포 5백명이 구간별로 20명씩 릴레이식으로 행군이 이루어졌다. 백제복을 착용한 행군은 영암-강진-장흥-보성-벌교-순천-광양-경남-부산-일본 대판 왕인박사 묘소(大阪府 枚方市)의 경로로 52일간에 걸쳐 이루어져 11월 3일에 마쳤다. 이 행군에는 해당 시군의 JC회원 15명씩이 참여하여 안내를 맡아줌으로써 우의를 다지며 행군에 힘을 불어넣었다.

이 재일동포 2, 3세의 행군 시 왕인박사 탄신지가 영암 성기동이라는 것이 널리 알려지게 되었다. 일본의 NHK를 비롯해 국내 TV방송 등 매스컴에서 대대적으로 행군행사 보도를 하면서 왕인박사유적지를 홍보하였다.

전남고문화심포지엄

왕인박사유적지 정비사업을 추진하면서 문화재관리국에 가서 사업 내용을 설명하고 국비보조 신청을 하였다. 당시 문화재관리국장은 허만일 국장이었으며 나와는 잘 아는 사이였다.

문화재관리국장께서 전화를 걸어와, 왕인박사유적지 정비사업에 국비지원을 하려 김철준 문화재위원에게 상의 드렸더니 왕인박사유적지에 대하여 이의를 제기한다는 것이었다. 그러므로 현재 추진 중인 왕인박사유적지 정비사업 규모를 좀 줄여달라는 것이었다. 나는 국비 지원을 안해 준다면 방법이 없으나 규모를 줄이는 것은 따를 수 없다고 말하고 왕인박사유적지에 전(傳)자를 붙여 '전(傳) 왕인박사유적지'라 한다면 어떨 것인가 하고 전화를 끊었다.

이을호 관장은 나로부터 이 얘기를 듣고 김옥현 영암군수와 함께 서울에 올라가 사학계의 학자들을 두루 만나 상의한 결과, 전남고문화심포지엄을 열어 김철준 교수를 포함, 여러 석학들을 초빙하여 주제발표를 하도록 함으로써 전남의 고문화에 대한 인식을 환기시키는 계기를 만드는 것이 좋을 것이라는 의견을 주었다. 나는 이을호 관장으로부터 이와 같은 내용의 전화를 받고 전남고문화심포지엄 개최에 즉각 동의했다. 더

고문화심포지엄 행사

김원룡 교수, 김철준 교수, 한병삼 박물관장과 함께

욱이 전라남도에 대한 고문화 연구가 뒤져 있다는 평가가 있었던 터라 잘된 일이었다. 이렇게 해서 제1회 전남고문화심포지엄이 열리게 되었다.

　제1회 고문화심포지엄은 1986년 2월 23일 남도예술회관에서 열렸다. 주제는 '전남고문화의 성격과 과제'였다. 고고학적 측면에서 김원룡 교수, 한병삼 박물관장, 최몽룡, 배종무 교수, 역사적 측면에서 김철준, 최영희, 이을호 박사, 미술사적 측면에서 진홍섭, 황수영, 김정기 교수 등 기라성 같은 석학들이 참여하여 귀중한 발표를 해 주었다. 김철준 교수께서는 '전남지방의 역사적 배경(전기)'에 대하여 주제발표를 해 주었다.
　이때 참석한 석학들에게 전남문화시책과 추진하고 있는 사업에 대한 자료를 드리고 구체적으로 설명도 해 드렸다. 김철준 교수는 전남도정이 문화에 역점을 두고 여러 가지 시책을 펴나가고 있는 데 대하여 깊은 감명을 받은 것 같았다. 행사가 끝나고 며칠 뒤 허만일 국장께서 전화가 걸려왔다. "선배님 어떻게 된 것입니까? 김철준 교수께서 전남고문화심포지엄에 다녀온 다음 전남에서 하는 문화사업에 대해서는 반론을 제기하지 않겠다고 하십니다." 라고 전했다. 왕인박사유적지에 대한 비판론을 발표하겠다던 논문 발표도 하지 않았다. 왕인박사유적지 정비사업은 순조롭게 진행되었다.

　광주일보는 사설(1986년 2월 24일)을 통해 '전남고문화심포지엄은 전남이 가진 지역적 개성을 역사적으로 규명해 미래지향적인 좌표를 설정하기 위한 보기 드문 학술토론회'로 평가했다.

조선일보는 기자수첩(1986년 2월 26일)에서 '장장 9시간이나 계속된 발표, 토론과정에 2백여 참석자들이 한사람도 자리를 뜨지 않는 열성을 보인 것이 인상적'이었으며 '주제발표자의 말 한마디를 놓치지 않고 경청하는 진지한 자세가 다른 학술행사와 대조적'이라고 심포지엄 분위기를 스케치 하고 '이번 심포지엄은 자기 고장의 문화적 뿌리를 찾아 이를 전체 한국문화와 연결시켜 보려는 해당지역의 민과 관의 일치된 문화의식을 증명해 준 좋은 본보기'라고 평했다.

나는 하루 종일 심포지엄에 참석하여 발표를 경청했다. 기자들은 이날의 심포지엄을 보도하면서 나에게 '문화도지사'라는 애칭을 붙여 주었다. 도정 중점시책의 하나를 '지방문화의 진흥'에 두고 문화진흥계획을 수립하여 문화시책을 펴 나가고 종일 메모하며 열심히 경청하는 것을 보고 그렇게 불러준 이름일 것이다.

나는 전남고문화심포지엄을 매년 계속해 개최할 생각이었다. 제2회 전남고문화심포지엄은 '전남 고문화의 현황과 전망 -고고학을 중심으로'라는 주제로 1987년 3월 7일과 8일 이틀에 걸쳐 개최하여 전남의 고문화에 대한 인식을 새로이 하게 하는 데 기여했다.

도요지 발굴

왕인박사가 출항한 상대포로 연결되는 통로인 구림 돌정고개에는 도기 파편이 많이 흩어져 있고 가마터 흔적이 몇 군데 있었다. 나는 왕인박사유적지정비와 연계해, 도요지를 발굴하여 백제시대 것으로 판명되면 그 당시의 이 지역 문화를 밝히는데 도움이 될 것이라 생각했다. 그런데 도요지를 발굴하는 데는 발굴팀이 문제였다.

제1회 전남고문화심포지엄이 끝난 뒤 휴게시간 중에 돌정고개 도요지 발굴의 필요성을 설명 드린 다음, 참석한 석학들에게 발굴팀을 추천해 주도록 부탁 드렸다. 이 분야 태두이신 김원룡 박사께서는 당시 우리나라에는 도요지 발굴팀이 세팀밖에 없다고 말씀하면서 이화여자대학교 박물관 낭자팀(나선화팀)을 추천해 주었다.

그래서 김옥현 군수에게 연락하여 나선화 발굴팀과 계약을 해 1986년도 도요지발굴작업이 시작되었다. 사업비는 도에서 지원하였다. 나는 도요지 발굴현장에 가 보았다. 1987년에도 발굴작업은 계속되었다. 백제 가마터이기를 바랐으나 발굴 결과 통일신라 가마터라는 보고를 받고 아쉬운 생각이 들었다.

1996년 2차 발굴이 이루어지고 역사적 중요성이 밝혀져 사적 제338호, '영암 구림도기 가마터'로 지정하여 1,200여년 전 가마의 원형과 주변환경이 보존되고 있다.

이 도요지 발굴이 시발점이 되어 역대 영암군수들의 깊은 관심과 노력으로 영암의 도자기문화로 발전하기에 이르렀다. 도요지가 있는 돌정고개와 왕인박사가 배를 타고 일본으로 건너간 상대포 근처, 원래의 구림초등학교 자리에는 영암도자기문화센터를 설립했으며 지금은 도기박물관으로 발전하였다.

왕인문화축제
- 벚꽃과 더불어

영암읍에서 독천까지의 구간은 교통량으로나 주민의 이용도로나 매우 중요한 도로이다. 그럼에도 불구하고 지방도로 분류되어 포장이 늦어졌다. 정부에서 1981년도 2천억원 기채 재원으로 지방도포장사업을 시행할 때 포장사업이 이루어졌다.

도로포장사업이 이루어지면서 당시 정병섭 영암군수에 의해 가로수를 벚나무로 정하여(실무진 산림과 이부봉 건의), 식재함으로써 '백리 벚꽃길'이 조성되고 매년 봄이면 벚꽃이 아름답게 만발하여 관광객으로 붐비게 되었다. 원래 구림은 벚꽃나무 가로수가 심어져 벚꽃으로 유명한 곳이다.

영암군에서는 벚꽃이 만개하는 시기를 택하여 왕인문화축제를 개최하여 왕인박사의 위덕을 현창하고 있다. '벚꽃'과 '왕인박사', '축제'가 어우러져 왕인박사유적지 일대는 장관을 이룬다. 왕인박사춘향제로부터 시작되는 축제에는 일본에서 히라카다시, 오사카일한친선협회, 왕인총환경수호회, 간자키시 임원들이 참석하여 왕인박사의 공덕을 기린다.

(4) 광주시의 광역시 승격 과정

국회 본회의 질의와 선거공약

 부산시가 광역시로 승격된 후 인구 100만 명이 넘은 대구시의 광역시 승격 요구가 꾸준히 있어 왔다. 대구시는 제5공화국에 들어가서 인구 100만 명이 안 된 인천시와 함께 광역시로 승격되었다. 광역시 승격에는 인구 기준이 법상 없다. 그러자 보통시 가운데 인구가 가장 많은 광주시에서 광역시 승격 요구가 일어났다.
 당시 광주출신 박윤종 국회의원은 본회의에서 두 차례 광주시의 광역시 승격 질의를 한 바 있다.
 1985년 2월 12일 12대 국회의원 선거가 치열하게 전개되고 있었다. 광주 서구에서 선거운동 마지막 합동유세가 있는 날 오후 늦게, 내무부 차관보로부터 전화가 걸려 왔다. 광주 서구의 민정당 이영일 후보가 합동유세에서 광주시의 광역시 승격을 공약하였고 이 내용이 중앙당에 보고되어 중앙당에서는 광주시의 광역시 승격 요청을 내무부에 해왔는데 어떻게 된 것이냐는 것이었다. 나는 알지 못했다.

 당시 내무부에서는 광역시제도 자체에 대해 회의를 가지고 있었다. 나는 그날 밤 이영일 의원을 만나 공약을 한 경위를 알아보았다.

이 공약을 보고 받은 중앙당에서는 내무부에 광주시의 광역시 승격을 요청하여 현안사항으로 되어 있었다. 선거가 끝난 뒤 당시 내무부 차관은 나에게 전화를 걸어왔다. 광역시 제도 자체에 대해 재검토를 해야 하겠으니 광주시를 광역시로 승격하는 대신 광주시장을 2급에서 1급으로 격상하고 광주시에서 받는 도세의 율을 줄여 광주시의 재정을 강화해 주는 방안을 강구하자고 제의했다.

나는 광주시장의 직급을 도지사와 똑같은 차관급으로 격상하고 광주시로부터 도세를 일체 받지 않으며, 광주시 관련 행정 업무도 광주시에 이관하는 등, 명목상 전라남도 광주시로 두고 실제는 광역시와 같은 기능을 하도록 하자는 의견을 제시하였다. 그러나 내무부 차관은 광주시장 직급을 차관급으로 격상할 수 없다는 주장을 바꾸지 않았다. 그래서 나는 그렇다면 광주시를 광역시로 승격해 달라고 말했다. 이리하여 광주시의 광역시 승격이 진행되었다.

행정구역의 조정

광역시 승격은 특별법으로 제정된다. 가장 중요한 것은 행정구역을 어느 범위로 하느냐 이다. 구역의 결정에는 여러 가지 고려 요소가 있어 다각적인 검토가 따르게 된다.

행정구역을 조정하는데 있어, 어느 지역은 광주시 편입을 희망하고 어느 지역은 반대하고 또 같은 지역에서도 찬반양론이

갈라졌다.

 가장 논의가 많은 지역은 하남공단이었다. 이곳을 광주시로 편입시킬 것인가 아닌가가 큰 관심사였다. 광주 상공인들과 상당수 입주업체는 하남공단의 광주시 편입을 희망했다. 또한 광주시와 바로 연결되어 있는 서창면과 대촌면을 어떻게 할 것인가도 논의대상이었다. 이 지역은 한때 정치적 이유로 광주시에 편입되었다가 다시 광산군으로 환원된 지역이기도 하다. 다른 인근 군 지역의 일부도 광주시에 편입시킬 것인가의 문제도 있었다.

 중요 판단 과제는 광산군을 어떻게 할 것인가였다. 광산군($286km^2$)은 광주시($215km^2$)보다 구역이 넓고 도시행정으로 다루기에는 어려운 농촌, 오지도 상당히 가지고 있었다.

 나는 광산군수를 역임했기 때문에 지역을 비교적 소상히 알고 있었다. 나승포 내무국장과 함께 현지 조사를 하였다. 제반 여건을 감안하고 파생될 문제점을 줄이기 위하여 우선 광역시로 승격시켜 놓고 2단계로 하남공단, 대촌, 서창을 광주시에 편입시키기로 내부적으로 정했다. 그리하여 1단계로 기존행정구역 범위에서 1986년 11월 1일 광역시 승격이 이루어 졌다.

 광주상공회의소(회장 신태호)는 하남공단의 광주시 편입이 이루어지지 않은데 대한 불만이 있었다. 그렇다고 2단계로 하남공단과 대촌면, 서창면을 광주시에 편입시키겠다는 구상을 미리 공개하는 것은 행정 혼란을 초래할 뿐 아니라 다른 부문에서 분란을 일으킬 소지가 있었기 때문에 외부에는 밝히지 않고 있었다.

그 후 광주, 전남에서 1987년 10월 제68회 전국체전이 개최되기 직전 광주광역시에서는 하남공단의 광주 편입을 내무부에 요청하였다. 내무부에서는 하남공단을 광주광역시에 편입시키는 문제에 대해 나에게 의견을 물어왔다. 광주광역시 승격 시에는 2단계로 하남공단과 대촌, 서창을 광주에 편입시키는 행정구역 조정을 하려고 하였기 때문에 하남공단의 광주 편입에 대해 나로서는 이견이 있을 수 없었다.

한편 이렇게 되었을 경우 광산군이 분산되어 군세가 너무 약화되고 행정구역 조정에 따른 주민의 불만이 커질 가능성이 있었다. 차제에 광주광역시를 호남권의 중심 대도시로 육성하기 위해 부분 편입보다는 광주면적보다 더 넓은 광산군(송정시 포함) 전체를 광주시에 편입시키고 광산구(당시 광역시에는 구만 두게 되어 있었음)라는 행정구역으로 광산(光山)의 명칭을 존치시키는 것이 합리적이라는 결론을 내리고 이를 추진하기로 하였다.

광산군 전체를 광주시에 편입시키는 일은 쉬운 일이 아니었다. 내부적으로 도 간부와 송정시 광산군 책임자들의 동의가 있어야 하고 정치적으로도 합의가 따라야 했다. 그리고 행정절차상 내무부와 의견이 맞아야 한다. 따라서 먼저 도의 국장, 광산군수, 송정시장과 협의하고 동의를 구했다. 지역구 국회의원 나석호 의원의 동의도 받았다. 그리고 내무부에 광산군의 일부를 광주시에 편입시키는 것보다 전체를 광주시에 통합하는 것이 타당하다는 요청을 하였다. 내무부에서는 일부 편입 입장을 고수했다. 그 이유는 군을 폐지할 수 없으며 군 전체를 광역시에 편입시킨 전례도 없다는 것이었다. 따라서 송정시와 함께 나머지 광산지역을 '광산시'로 존치시키자는 제안이었다. 나는 광산군수와 광주시장을 역임했고 현직 도지사로서 누구보다도 지역 실정을 잘 알고 있으며 도지사 관할하의 군을 광주광역시에 편입시키자고 하는 것인데 내무부에서 이를 반대할 이유가 없으며 이것이 오히려 일부 편입에 따른 부작용을 해소할 수 있을 것이고 새로운 사례를 만들어 보자고 주장하였다. 그러나 나의 의견이 받아들여지지 않았다.

그래서 나는 청와대 강우혁 행정수석비서관에게 전화를 걸어 같은 내용의 요청을 하였으며 강우혁 수석비서관은 이에 동의하고 이를 대통령께 보고하기에 이르렀다. 이와 같은 과정을 밟아 광산군(송정시 포함)은 1988년 1월 1일 광산구(현 제도하에서였다면 광산군으로 호칭이 가능했을 것임)로 광주광역시의 관할구역에 들어갔다.

이것은 우리나라의 행정구역 조정사상 군 전체가 광역시에 편입되는 첫 번째 사례이다. 금후 다른 광역시에서도 이러한 전례에 따라 군 전체를 편입시키는 일이 생기게 되었다.(대전광역시에 대덕군 편입)

광산군 편입에 따른 행정조치

광산군(송정시 포함)의 광주시 편입방침이 정부에서 확정되자 나는 즉시 광산군의 면장들을 소집해 광주시 편입 방침을 알리고 협조를 구했다. 그러나 반발이 컸다. 나는 편입 이유를 설명하고 이것은 도에서 중앙에 건의해 이루어 졌으며 면장들의 신분은 책임지고 보장하고 광산 이름을 존치하겠다고 약속을 했다. 시장 군수나 양시군의 간부들도 거의가 전남도 공무원으로 남겠다는 의사를 밝혀 내가 책임을 지고 희망대로 해주겠다는 약속을 했다. 이렇게 해서 공무원들의 동요가 없도록 조치를 해 두었다.

제68회 전국체전이 광주 전남에서 개최케 되어 대통령께서 도지사공관에서 일박하시게 되어 있었다. 대회 개최 전날인 1987년 10월 12일 저녁 도지사공관에서 대통령을 모시고 시도지사 간담회가 있었다. 청와대 강우혁 행정수석비서관과 송언종 내무부 차관도 참석했다.
나는 이 자리에서 광산군의 광주시 편입과정에 대하여 자초지종을 대통령께 말씀드렸다. 대통령께서는 "전 지사 통 크구만."이라고 하시는 것이었다. 나는 바로 이어서 "그런데 문제가 있습니다. 광산군의 면장들이 반발하여 책임지고 신분보장을 해 주고 광산 이름을 존속시키겠다고 약속 하였습니다." 하였더니 그 자리에 있는 김양배 시장에게 그렇게 해주라고 지시하셨다. 이어서 나는 "시장 군수나 간부급 공무원들이 도 공무원으로 남겠다고 요구하여 그렇게 해 주겠다고 약속했으며 그러기 위해서는 정원이 필요합니다."라고 말씀드렸더니 송언종 차관에게 "전 지사가 요구하는 정원을 전라남도에 주도록 하라."고 지시하셔 문제해결의 길이 열리게 되었다. 그렇게 해서 내무부로부터 필요한 정원을 받아 시장 군수를 전라남도로 인사조치하고 사무관급 간부들 중 희망하는 공무원은 전라남도에 인사 배치할 수 있었다. 그렇게 하여 비교적 말썽 없이 광산군의 광주시 편입이 순조롭게 이루어지게 되었다. 나는 지금도 광산군의 광주시 편입은 잘 한 일이라고 생각하고 있다.

(5) 광양컨테이너부두사업 추진

사업이 결정되기까지

나는 1984년 10월 10일 전라남도 도지사로 발령 받아, 그날 대구에서 개최된 전국체전 관계로 대구에 내려가 개회식에 참석하고 선수들 격려를 한 다음, 12일에 부임하였다. 마침 10월 17일 주암댐 기공식, 18일 진도교 준공식이 예정되어 대통령께서 참석하시게 되어있었으므로 그 준비에 바빴다.

그 과정에서 송재구 기획관리실장이 광양컨테이너부두 건설에 대한 건의를 대통령께 드리는 것이 좋겠다고 했다.

송재구 실장의 보고에 의하면 경제기획원으로부터 광양컨테이너부두계획 용역을 받은 한국산업경제연구원 한갑수 원장께서 작업 중인 광양컨테이너부두사업계획 내용을 기획관리실장께 알려주면서, 광양컨테이너부두사업이 이루어지기 위해서는 대통령의 결정이 있어야 하므로 도지사께 보고해 대통령 순시 시 건의하도록 해 달라는 요청이 있었다는 것이다.

80년대 전반기에 컨테이너 물량의 증가 추세에 비추어 기존의 부산컨테이너부두시설로는 불충분하므로 시설을 확장하거나 신항만개발을 하지 않으면 안 되었다. 경제기획원에서는 새로운 컨테이너항으로 적지라고 본 남해안의 광양항을 컨테이너부두로 개발하는 것이 효과적이라는 판단 하에 한국산업경제연구원에 컨테이너부두 입지조성 조사용역을 의뢰한 것이다. 업무 주무부서(해운항만청)에서는 부산컨테이너부두를 확장할 계획으로 설계를 마친 상태였다.

나는 사업개요를 보고 받은 뒤, 김우곤 내무국장과 협의하여 사업내용을 충분히 파악한 연후 12월 여수 돌산대교 준공식에 대통령께서 참석하실 것이므로 그때 건의 드리기로 했다. 특히 광양컨테이너부두 예정지는 여수에서 가까운 광양만(광양군 골약면 황길리)에 위치하고 있어 현장을 설명하는데도 도움이 될 것으로 보았다.

그 뒤 요약보고서를 미리 작성하여 주영복 내무부장관과 박태준 포항제철회장에게 드려 측면지원을 부탁하고 부두위치와 현장의 실태를 파악해 두었다.

1984년 12월 15일 돌산대교 준공식이 있어 대통령께서 하루 전날인 14일 광양제철 영빈관인 백운대에서 일박을 하시게 되었다. 그날 저녁 만찬을 마친 뒤 대통령께 미리 준비한 자료를 가지고 광양컨테이너부두 건설에 대한 건의를 드렸으며 자리를 같이한 주영복 내무부장관과 박태준 포항제철회장께서도 사업의 필요성과 적합성에 대하여 측면 지원을 해 주었다. 컨테이너부두 위치가 바로 광양제철 옆이어서 설명 드리기 좋았다.

  다음날 15일, 돌산대교 준공식에 가는 코스가 컨테이너부두 예정지인 골약면 황길리 상공을 거쳐가게 되어 있어, 대통령 전용 헬기에 동승한 나는 아래 보인 컨테이너부두 위치를 가리키면서 컨테이너부두로 최적지임을 말씀드렸다.

  문제는 부산컨테이너부두 확장사업이 해운항만청에서 이미 설계가 완료되어 시공을 기다리고 있는 상태여서 이 사업과 광양컨테이너부두 건설사업이 경합되어 있다는 점이었다. 부산 해운업계 세력은 엄청난 것이었다. 청와대 경제수석실, 해운항만청 등에 꾸준히 건의하는 한편, 민간인의 건의도 필요하다고 판단하여 광주상공회의소 신태호 회장으로 하여금 해운항만청을 방문하여 광양컨테이너사업 건의를 하도록 하였다.

  그러던 중 1985년 대통령 연두순시가 2월 1일 있게 되었다. 대통령 연두순시 때 전라남도 건의사항 제1호로 광양컨테이너부두사업을 넣어 사전에 내무부에 보고하였다. 이 건의사항을 보고 받은 사공일 청와대 경제수석비서관께서는 나에게 전화를 주었다. 대통령 연두순시 시 보고장에서 광양컨테이너부두사업

추진을 대통령 지시사업으로 할 것이니 건의서에서는 제외해 달라는 것이었다. 나는 동의했다.

2월 1일 연두순시 시 대통령께서는 보고장에서 "광양만에 컨테이너부두를 건설"하고 "광양만을 대규모 항구도시로 발전" 시키도록 공개적으로 지시해 주셨다. 다음날인 2월 2일, 주무 부서인 해운항만청에서 컨테이너부두 입지를 최종 확정하였고 기본 및 실시설계 용역이 착수되었다. 이렇게 해서 이 국가사업이 추진되도록 결정된 것이다.

사업비 확보와 추진

광양컨테이너부두사업이 대통령 지시사업임에도 불구하고 신규사업은 예산에 계상하지 않는다는 1986년도 정부예산지침에 따라 신규사업인 이 사업은 정부 예산안에 사업비가 전혀 계상되지 않았다. 나는 당시 국회 예산결산특별위원회 위원장으로 있던 친구인 정시채 의원에게 전화를 걸어 광양컨테이너부두사업의 중요성을 설명하고 이 사업이 광양에 국한된 사업이 아니라 전남발전과 연관된 사업이고 국가적 중대 사업이니 국회 예산결산특별위원회에서 사업을 착공이라도 할 수 있도록 10억원도 좋으니 반드시 책정해 달라고 간곡히 부탁했다. 얼마가 되든지 예산을 확보하여 시작만 하게 되면 다음 해부터는 계속사업으로 예산확보가 가능하게 되기 때문이었다. 정시채 위원장은 사업비 일부를 정부예산으로 확보해 주었다. 이

사업비는 사업추진에 도움을 주었다.

(6) 대불공단의 추진

홍순기 회장의 제안

전남의 공업단지는 광주권에 하남공단이 있고 동부권에는 여천공단과 광양제철이 추진되고 있었다. 특히 하남공단은 1단계 사업이 마무리 되어 2, 3단계 사업을 추진키 위해 토지개발공사와 협의 중이었다. 전라남도 전체로 볼 때 도청소재지인 중부권과 동부권에는 공단이 있으나 서부권에는 공단이 없어 불균형적 지역개발이라 할 수 있었다.

영산강은 목포와 영암군 삼호면 대불지역을 연결하는 하구둑 축조를 포함한 영산강2단계농업종합개발사업이 IBRD차관으로 추진되고 있었다. 여기에는 20,700ha의 농지가 조성되게 되어 있었다.

1985년 초여름 어느 날 목포상공회의소 홍순기 회장께서 도지사실에 들러 목포권 발전에 관한 대화를 나누게 되었다. 그는 영암 삼호의 대불간척지 일부를 공업단지로 조성하여 공장 입주를 하는 것이 농지로 활용하는 것 보다는 지역경제에 크게 기여할 뿐 아니라 목포를 중심으로 한 서부권 지역발전에도 큰 도움이 될 것이라는 의견을 제시하였다.

　홍순기 회장의 건의를 받은 나는, 전남의 서부권에 새로운 공단을 조성하여 광주권과 동부의 여수-광양권이 연계된 공단 삼각축을 형성하는 것이 바람직하다는 판단을 했다.

　신채우 농림국장은 지금까지 영암 대불(大佛)의 간척지에 공업단지를 조성해야 한다는 논의는 없었으며 처음 나온 얘기라고 했다. 그리고 아직 영산강2단계공사가 진행 중이고 외자를 유치할 때 농업목적의 사업으로 되어 있어 용도변경에는 주무부처인 농림부의 승인이 필요하다고 했다. 나는 즉시 농림부에 용도변경 승인을 요청하도록 하였다. 그러나 농림부에서는 바로 불승인 통보서를 보냈다. 그 이유는 영산강간척사업은 농지조성 목적으로 시공 중이며 외자도 농지조성을 목적으로 도입된 것이고 외자의 상환은 차관 조건에 따라 이루어져야 한다는 것이었다. 그 뒤 다시 농림부에 승인요청을 하였으나 같은 이유로 불승인되었다.

　나는 농림부장관에게 대불단지는 목포에 인접해 있어 언젠가는 농지 아닌 다른 용도로 전환해야 할 시기가 올 것이며 그렇게 될 경우 그곳에 농지분배를 받은 주민에게는 엄청난 부당이득을 안겨주는 결과를 초래하게 될 것이라고 설명을 했다. 그러나 농림부장관은 완강하게 용도변경을 반대했다.

　이 사업은 신규로 공업단지를 조성하는 사업이므로 경제개발을 구상하는 경제기획원에 공단조성을 건의하기도 했다. 경제기획원에서는 규모를 축소해서 추진해 보자는 긍정적인 반응을 보였다. 그러나 문제는 주무부처인 농림부에서 끝까지 동의해 주지 않는 한 해결되기 어려운 일이었다.

전남공업화중장기계획의 수립

나는 낙후된 전남의 공업발전을 위하여 산업연구원(KIET)의 문희화 원장에게 부탁하여 「전라남도 공업발전에 관한 연구」(1985. 12 ~1986. 10) 용역을 의뢰하였다. 전남지역에 대한 기업의 투자를 유도하고 전남공업화에 대한 정부의 관심을 환기시키는 데는 국가의 권위 있는 연구기관에서 실현

연구보고서

가능성이 있는 신규중점사업의 선정 및 타당성분석을 통한 공업화 내용을 제시하는 것이 훨씬 신뢰성이 있을 것이라는 판단에서였다. 흔히 용역에 의한 연구서나 계획서들이 이론에 치우치거나 추상적인 내용이 많아 시책화에 도움이 되지 않은 사례들이 없지 않으므로 실현 가능성에 중점을 두도록 부탁하고 보고회도 몇 차례 가졌다. 보고회에는 상공인들을 참여 시켜 의

견을 제시하여 반영되도록 하였다.

산업연구원의 연구 내용에 따르면 전남지역이 양호한 자연조건, 저렴한 공업용지, 풍부한 공업용수, 우수한 기술인력, 다양한 부존자원 및 원자재의 조달, 사회간접자본의 확충 전망 등으로 보아 다른 지역보다 공업발전에 유리한 지역으로 평가하고 있다. 광주, 목포, 순천(여천~광양)지역이 연계되는 삼각모형의 대규모 거점공업개발을 촉진하여 전략산업을 배치하도록 하고 이와 연관하여 배후에 중소규모거점지역을 설치하여 계열화 가능한 적성산업을 입지하도록 하였다. 공업용지확보 가능지로는 광주권의 하남공단 2, 3단계확장, 순천권의 율촌면과 해룡면일대의 간척지 약 390만평, 목포권의 영암군 삼호면 대불의 간척지 약 240만평을 제시하고 있다.

전라남도에서는 이러한 연구 결과를 토대로「전라남도공업화중장기계획」을 수립하여 16개 전략산업과 13개 연관산업을 중점 유치할 계획으로 행정력을 집주하여 공업화시책을 중점 추진하게 되었다.

전남지역 투자환경 설명회

「전라남도공업화중장기계획」을 가지고 1987년 3월 19일 대한상공회의소에서 정수창 회장과 중앙부처 관계관 그리고 기업인 200여명을 모신 자리에서 전남지역 투자환경설명회를 가졌다. 하남공단에 입주한 한 업체의 성공사례 발표도 있었다.

이 자리에서는 목포상공회의소가 주관하여 대불공단 입주희망신청을 받았다. 성과가 컸다. 150만평 가까운 면적에 대한 신청이 있었다.

그날 저녁 9시 KBS정규뉴스시간에 나는 박성범 앵커와 전남 공업화와 투자환경 설명회에 관한 대담을 생방송으로 하였다. 동아일보 사설에서는 도 주관으로 기업유치를 위해 투자환경 설명회를 서울에서 가진 것은 처음 있는 일이라 하고 이에 관한 내용을 소개하기도 하였다.

대한상공회의소에서는 김수창 회장을 비롯한 기업체 대표들이 대불단지 현지를 시찰하였다. 현지를 살펴본 기업체 대표들은 공업단지로서의 적합성을 인정하고 만약 공단면적이 신청량보다 적다면 부족분을 더 확보해 줄 수 있느냐고 묻기도 했다.

전남 투자환경 설명회

국가사업으로의 책정

대불지역의 간척지를 농업목적에서 공업용지로 전환하는 것은 쉽지 않았다. 투자환경 설명회가 끝난 뒤 노태우 대통령 후보께서 목포를 방문하는 계획이 있었다. 이때를 기하여 목포 바로 건너 영암군 삼호에 위치한 대불공단후보지를 시찰하는 기회를 만들어 사업결정이 이루어지도록 하려했으나 일부 이견이 있어 성취되지 못했다.

목포지역을 방문한 노태우 대통령 후보에게 참석자 가운데 대불간척지의 공업단지 조성 건의가 있었다. 나는 당시 수행한 내무부 출신의 민정당 사무차장 김태호 의원과 문창수 내무부 담당 전문위원, 김태수 농림부담당 전문위원에게 대불공업단지조성의 필요성을 설명하고 사업 책정 지원을 요청하였다.

마침 농림부장관이 교체되어 나는 즉시 농림부에 들러 친분이 깊은 신임 장관(김주호 장관)에게 대불공단의 필요성을 설명하고 동의를 받았다.

당시 여당이던 민정당에서 1987년 9월 2일 관계부처 장관회의를 소집하여 대불공단조성을 협의, 사업추진을 결정짓고 국가산업단지로 추진키로 하였다. 사업은 국가산업단지의 성격상 건설부가 맡고 한국토지개발공사가 시행업무를 담당하게 되었다. 그리하여 이 사업은 1987년 10월 21일 확정되고 드디어 추진되기에 이르러 1989년 9월 착공하였다. 공업단지 규모는 337만평으로 1993년에 완공되었다.

아껴놓은 땅 율촌

「전라남도공업화중장기계획」이 수립되고 투자환경 설명회가 있은 뒤 율촌공단 조성을 위해 매립사업을 하겠으니 허용해 달라는 요청이 몇 개 대기업에서 있었다. 관계부처에서도 민간업체에게 주어 추진해 보는 것이 어떻겠느냐는 의견을 주었으나 이를 거절했다.

율촌공단은 공단으로서는 최상의 입지라고 생각했다. 바로 옆에 광양컨테이너부두가 생겨 물류비가 절약되고 광양제철이 있어 철강이 생산되며 여천공단에서는 제조업에 필요한 소재가 생산, 공급되고 있어 그 이상 이상적인 공업입지가 없다고 생각했다. 지금 급하게 하지 않더라도 앞으로 더 좋은 조건, 더 좋은 계획과 기술로 매립하여 공단이 조성될 것이므로 아껴놓자는 생각을 가지고 그대로 둔 것이다.

(7) 광양배후도시개발

전라남도 광양출장소 설치

광양은 전라남도의 남해안에 위치하여 백운산 아래 펼쳐진 고을로 섬진강을 사이에 두고 경상남도와 경계하고 있다. 여천산업단지가 있는 여수시와 바다로 접하고 있고 순천시와 맞닿아 있다. 광양에는 '쇠섬'에 광양제철이 착공되어 1987년 6월 준공을 목표로 공사가 진행되고 있었고 광양군 골약면 황길리에 광양컨테이너부두 건설이 확정되어 있었으나 필요한 배후도시개발을 위한 기반이 전혀 마련되지 않고 있었다.

도시계획이 수립되지 않아 계획적인 도시개발이 불가능한데다가 배후도시개발을 효율적으로 추진할 수 있는 행정조직도 가지고 있지 않았다. 그 결과 광양제철과 연관단지 건설에 소요되는 인력의 주거 확보가 어려웠고 광양제철 주변지역에 유입인구가 늘어나는 추세에 있어 난개발의 우려가 있었다. 그러므로 가장 시급한 과제가 배후도시가 계획적으로 조성되도록 뒷받침하는 일이었다.

당시 광양제철 건설을 지원하는 행정업무는 광양군청의 한계에서 담당하고 있었으므로 이 일을 충분히 감당하기에는 무리였다. 광양제철의 공사 진도에 따라 행정적으로 지원해야 할 사항이 어떤 것인지도 능동적으로 파악이 안 되어 어려움이 있었고 광양지역 뿐 아니라 인근 경남지역과의 관계에서 파생된 문제점에 대해서도 이를 알지 못하여 필요한 대처를 하는데 어려움이 적지 않았다. 더군다나 도청소재지인 광주와는 거리가 멀어 도에서 현황과 문제점을 일일이 파악하기가 쉽지 않아서 필요한 대책을 수립하는데 한계가 있었다. 따라서 현지에 효율적인 행정지원체제를 갖추지 않으면 안 된다는 생각을 갖게 되었다.

그리하여 필요한 기구계획을 수립하여 1985년 9월 25일 대통령께서 벼베기행사에 참석하시기 위해 전남을 방문하셨을 때 전라남도 광양출장소 설치를 건의 드리고 배후도시지역의 도시계획수립을 추진하겠다는 보고를 드렸다. 광양출장소는 관할구역을 골약면과 태금면, 옥곡면의 광영리로 정하였으며 지방부이사관을 소장으로 하고 1실 5과 17계 정원 97명이 배후도시 건설을 담당하도록 계획했다. 이렇게 해서 내무부의 기구 승인을 받아 1986년 1월 1일에 출장소(소장 이현호)가 출범하였다.

출장소가 설치된 이후에는 업무추진이 순조로웠다. 도시계획의 추진, 지역실정에 알맞은 사업계획수립 추진, 광양제철과의 협조 지원, 광양지역과 인근지역과의 관계에서 파생된 문제점에 관한 대책 등 행정수행이 원활해 졌다.

도시계획의 수립

시급한 일 중의 하나는 도시계획을 수립하는 일이었다. 도시계획이 되어 있지 않았기 때문에 계획적인 도시개발을 할 수 없었다. 더군다나 토지가 유보지역 또는 녹지로 묶여 있는 상태여서 필요한 시설입주가 어려웠고 무계획적인 개발 가능성이 있었다. 그래서 출장소에서 도시계획을 수립하도록 하여 중앙도시계획위원회의 심의를 받기 위해 건설부에 제출했다. 그러나 반려가 되었다.

건설부에서는 광양제철 배후도시지역만 단독으로 도시계획을 수립하는 것보다, 건설부에서 여수, 여천, 순천, 승주, 광양, 하동 지역을 한데 묶는 광역도시계획을 수립하겠다는 것이었다. 이론으로는 맞는 얘기였다. 그러나 당장 급한 곳은 광양제철 배후도시개발지역이다. 다른 지역은 이미 도시계획이 수립되어 적용되고 있었다. 광양읍도 도시계획이 수립되어(1970년) 시행해 오고 있었다. 광역도시계획 수립 시까지 기다릴 수 없는 일이었다.

마침 광양제철을 방문한 이규호 건설부장관을 현지에서 만나 광양배후도시지역에 도시계획이 안 되어 계획적인 개발을 할 수 없어 도시계획을 수립하였는데 광역도시계획이 언제 될지도 모르는 상태에서 그때까지 기다리라는 것은 무질서한 개발을 조장하는 것이며 주택수요에 대응하지 못하여 문제가 큼으로 전라남도의 구상대로 도시계획을 수립, 시행토록 해주어야 한다고 역설했다. 건설부장관은 경상남도 도지사를 역임했기 때문에 이해가 빨라 나의 의견을 받아들였다. 이렇게 해서 도시계획이 수립되어 도시계획에 따른 개발행정이 가능하게 되었다.

도시계획은 골약면, 태금면 일대를 구역으로 하고 계획인구 20만 명을 규모로 잡았다. 도시계획수립으로 난개발을 방지하고 계획에 맞추어 택지개발 등 새로운 토지이용 수요에 대응할 수 있게 되었다.

그후 유입인구가 늘어나 1985년도에 23,686명이던 인구가 1988년도에는 61,235명이 되었고 시승격 요건을 갖추어 1989년 1월 1일 광양군에서 분리되어 동광양시로 승격되었다. 인구는 점차 증가하여 1990년에는 70,118명까지 이르렀다. 그후 정부의 도농통합(都農統合) 방침에 따라 1995년 1월 1일 동광양시와 광양군이 통합되어 도농복합시인 광양시로 발전하였다.

(8) 신 국장, 고인돌공원 어때요?

주암댐은 섬진강지류인 보성강 하류지역에 건설된 댐이다. 1984년 10월 17일 착공하여 1991년 5월 10일에 준공된 이 댐의 수몰지는 순천, 보성, 화순의 9개면 49개리에 이른다. 이 수몰지역 안에는 구석기유적 4개소, 취락유적 4개소, 고인돌군 23개소, 도요지 1개소, 선돌 4기 등이 자리 잡고 있었다.

이러한 문화재의 지표조사는 1985년 전남대 박물관 조사단에 의하여 이루어지고 1986년부터 발굴조사사업이 몇 개의 대학과 박물관 팀에 의해 진행되고 있었다. 특히 여기에는 선사주거지와 함께 757기의 지석묘가 집중해 있어 이에 대한 조사사업이 중요했다. 선사주거지 조사사업은 6개월간이나 연장하여 이루어져 댐의 시공이 늦어지기도 했다.

문화적 유물을 그대로 두고 공사가 준공되어 담수하게 되면 그 안에 있는 유물은 완전히 소실되고 만다. 그러므로 도정자문위원회(위원장 고광표) 회의를 개최하게 되면 김정호 위원을 비롯한 여러 위원들은 발굴된 유물의 전시와 보존 가치가 있는 문화재의 보존대책을 강구해야 한다고 주장해 오고 있었다. 당연한 주장이었다. 문화재를 중시하는 나도 전적으로 같은 생각이었다. 그래서 어떻게 하는 것이 가장 좋은 방법인가에 대하여 고심하고 있었다.

그러던 중 1987년 2월 26일 고흥 군민회관에서 농어민후계자 지역간담회가 열리게 되어 있어 여기에 참석하기 위해 신채우 농림국장과 함께 승용차 편으로 주암댐 공사현장을 따라 고흥으로 가는 길이었다. 마침 주암댐 수몰지 내 고인돌이 있는 곳을 지날 무렵이었다. 나는 그 날짜 신문을 보고 있었다. 그 순간 내 눈에 들어 온 것은 사회면 바로 앞면에 있는 '巨石文化'라는 2단 짜리 제목이었다. 그 순간 내 머리에는 '고인돌공원'이 전광석화같이 떠올랐다. 나는 옆에 앉아 있는 신 국장에게 "신 국장, 고인돌공원 어때요?" 하고 물었다. 신 국장은 "무슨 말씀이십니까?" 하고 의아한 듯 나에게 되물었다. 나는 주암댐 안에 있는 고인돌을 가리키며 "저 고인돌 중 100개 정도를 유형별로 골라 있는 그대로 옮겨 댐 주변에 고인돌공원을 조성하는 것이 어떻겠어요?" 하고 물었다. 신 국장께서는 "좋겠습니다." 라고 동의했다. 나는 "이제 됐구나." 하는 생각이 가슴에 꽉 찼다.

고흥 행사를 마치고 도청에 돌아오자마자 강영기 기획관리실장에게 고인돌공원 조성 취지와 내용을 설명하고 고인돌공원 조성계획을 수립하도록 했다. 사업비는 댐 공사로 인해 문화재가 수몰되게 되었으므로 그 원인자인 산업기지개발공사(지금의 수자원공사)에 가서 설명하고 지원을 받을 생각이었다.

고인돌공원은 99기의 고인돌을 옮겨 조성하고 사업비는 토지매입비 3천만원, 시설비 3억원을 합해 3억3천만원으로 추계되었다.

이 계획서를 가지고 1987년 3월 21일 서울 출장을 마치고 오는 길에 강영기 기획관리실장과 함께 대전에 있는 산업기지개발공사를 예고없이 방문했다. 마침 사장은 서울 출장 중이라 부사장을 만났다. 고인돌공원조성계획서를 내놓고 당위성을 설명했다. 댐 공사는 우리나라 경제발전에 기여한 바 크지만 수몰지에 묻힌 문화재의 손실도 적지 않으며 우리나라 경제력도 상당한 수준에 이르렀으므로 이제 댐 공사와 병행하여 문화재의 보존책을 강구해야 한다고 역설하고 주암댐 수몰 예정지에 있는 고인돌 중 보존가치가 있는 고인돌을 유형별로 99기를 있는 그대로 옮겨 고인돌공원을 만들고자하니 사업비 3억3천만원을 지원해 주도록 요청했다. 부사장께서는 용지매입비는 도에서 부담하도록 하고 공사비 3억원을 지원하겠다고 흔쾌히 약속해 주었다.

이 일을 마치고 도청에 돌아와 오후 4시에 고인돌공원 부지

후보지를 물색하기 위해 승주군 송광면 현지에 갔다. 거기에서 백주원 승주군수, 송광면장과 합류했다.

고인돌공원 후보지는 첫째 주암댐과 인접해야 하며 둘째 접근하기 편리하고 셋째 시설의 규모로 보나, 방문하는 관광객 특히 단체로 오는 학생들이 여유 있게 시간을 보낼 수 있도록 잔디밭 조성 등 공간 확보가 되어야 하므로 부지가 넓어야 한다. 이 원칙에 비추어 군에서 제시한 후보지는 적합하다는 판단이 서지 않았다. 군에서는 가능한 한 현지 주민이 거주하는 취락지역 인근으로 위치를 정하여 생업에 보탬이 되게 하려 한 것이다.

나는 고인돌공원 적지를 두루 살펴보던 중, 도로가 아직 개설되지 않아 직접 가서 볼 수는 없었으나 적합하다고 보이는 자리 한군데를 눈여겨 보아두고 돌아 왔다. 이곳은 기존 마을에서는 떨어져 있었으나 요건이 충족되는 곳으로 보였다. 이곳이 바로 지금의 고인돌공원이 들어 선 자리이다.

고인돌공원 예정지 선정은 행정기관이 주도하여 하는 것보다는 민간 전문가가 하는 것이 현지 주민을 이해시키는데 효과적이라는 생각이 들었다.

다음날 이을호 국립광주박물관장과 김정호 자문위원에게 현지 조사상황과 적합한 위치라고 보아진 곳을 설명해 주고, 현지 답사하여 후보지를 선정해 달라고 부탁했다. 그분들은 지금의 고인돌공원 위치를 답사하고 최적의 입지로 추천했으며 그곳을 최종 적지로 확정했다.

고인돌공원 기공식은 1987년 12월 1일 현지에서 거행되었다. 기공식행사에서 나는 인사말을 통하여 "고인돌공원은 수몰위기에 놓여 있는 대규모 고인돌군 중 99기를 옮겨 귀중한 문화유산으로 보존 전시하여 역사교육의 현장으로 복원할 계획"이며 "고인돌공원이 완공되면 청동기시대 거석문화를 보다 쉽게 접할 수 있을 것"이고 "송광사, 선암사, 낙안읍성 민속마을 등 주변의 문화유적과 연계하여 관광명소로 발전될 것"이라고 강조했다.

고인돌공원 기공식

현재 고인돌공원은 순천시(승주군과 통폐합) 송광면 우산리 17,000평의 부지에 조성된 공원으로 주암댐에 인접해 있다. 주암댐 수몰지역 내에서 1986년과 1987년에 걸쳐 발굴 조사

된 지석묘군 가운데 형태상으로 양호한 8개 지역에서 99기를 이전 복원한 것이다.

고인돌 이동준비작업

고인돌공원에는 지석묘의 하부에 있던 무덤방인 석실도 함께 복원하여 지석묘를 한눈에 볼 수 있는 장소일 뿐 아니라, 입석 1개소, 구석기시대 집터 1동, 움집 6동, 유물전시관 1동 등을 갖추고 있어 학술적으로도 매우 귀중한 자료를 제시해 주고 있다.

(9) 농업박물관 건립

도지사로 부임할 당시 목포와 영암이 하구둑으로 연결되고 나불도에 공원이 조성되고 있었다. 나불도는 삼호에 속한 섬으로 토질이 척박하고 암반으로 이루어진 낙후지였으나, 나불도(羅佛島)라는 아름다운 이름을 가지고 있었다. 이 섬이 하구둑 축조와 함께 훌륭한 국민관광지로 새롭게 태어난 것이다. 대불(大佛)이라는 명칭도 방조제 종점에 있는 대아산(大牙山)의 '대(大)'자와 시점(始點) 부근에 있는 나불도의 '불(佛)'자를 합쳐 만들어졌으며 대불방조제. 대불산단도 여기에서 유래한 이름이다.

나불도공원을 조성하기 위해 전라남도 산하에 영산강관광개발사업소를 두었다. 사업소장은 김복수 지방서기관이었다. 그는 업무에 열정적이고 책임감이 강한 공무원으로 퇴임 후에는 『박물관 전시법』이라는 저서도 출간했다.

도지사로 부임한 지 닷새 만에 대통령을 모시고 기공한 주암댐 수몰지역에는 오래된 나무들이 많았다. 나불공원을 조성하는데 이 나무들 중 일부를 옮겨 심어, 역사 오랜 나무들이 숨을 쉬는 공원이 되도록 지침을 주면서, 필요한 사업비를 영달해 주었다. 김복수 소장은 직접 주암댐 현지를 돌아보고 나무를 골라 옮겨 심는 등 고담스런 공원 조성에 진력했다.

공원공사가 마무리된 다음, 나는 공원에 무엇을 조성할 것인가에 대해 소장을 지사실로 불러 상의했다. 공원기본계획에 수족관과 농업박물관이 계획되어 있었다. 전남은 농업도이고 농기구가 사라져가고 있는 실정이었으므로 영산강 주변에 농업박물관을 건립하는 것이 좋겠다는 판단 아래 농업박물관을 건립하기로 결정했다.

실제로 농촌은 생활환경이나 농업환경이 엄청나게 변화해 가고 있었다. 농기구의 기계화가 이루어지면서, 농촌을 지탱해온 농기구가 차츰 사라져 가고 생활도구도 바뀌어 가고 있었기 때문에 농업박물관을 건립할 필요가 있었다. 우리 주변에서 차츰 모습이 사라져가는 애환 서린 농기구와 손때 묻은 생활용구를 모아 전시하고 지난날의 생활상을 되살려 농촌의 발전 과정을 재현함으로써 젊은 세대들에게는 선대의 발자취를 알게 하고, 이를 체험한 세대들에게는 거쳐온 지난날을 되돌아보게 하는 자리가 바로 농업박물관이다.

당시 우리나라에는 농협중앙회가 구 농협중앙회 자리에 조성한 농업박물관이 유일했다. 지방에 농업박물관을 건립하게 된 것은 처음 있는 일이다.

새로 건립될 농업박물관은 하나의 문화공간으로서 농업과 농촌생활에 관련한 자료를 수집 보존하고 체계적으로 연구, 정리, 전시하며 교육 기능을 하는 특색 있는 박물관이어야 함은 물론이다.

영산호 농업박물관은 이와 같은 목적을 수행하기 위하여 전시관과 관련건물 1,080평의 규모로 건립이 추진되었다. 이 사업이 원활히 추진된 데는 김정호, 이종철, 지춘상, 최계원 등이 분야 전문가들이 참여하여 자문해 준 것이 큰 힘이 되었다.

농업박물관은 나불공원의 건립 현장에서 1987년 10월 29일 기공식을 가졌다. 이날따라 비가 억수같이 쏟아져 옥외행사를 하는데 어려움을 겪었다. 이날 나는 치사를 통해 "사라져가는 농기구들을 하나하나 찾아서 옛 모습을 되찾게 하여, 나이가 드신 분들은 향수를 느끼고 젊은이들에게는 교육자료로 활용할 수 있게 하자."고 강조했다. "바로 옆에 대불공단이 조성되면, 전라남도가 농공병진의 기틀이 마련될 것"이라 역설하면서 "여기에 들어서는 농업박물관의 설립 의의를 살려 자료수집에 힘써 달라."고 부탁했다.

농업박물관 기공식

농업박물관은 1993년 5월 19일 본관 전시실이 완공되어 1993년 9월 24일 개관하였으며, 1994년 11월 10일에 현대농업관인 별관이 개관되었다.

덧붙이고 싶은 것은 우리 주변에서 없어져 가는 용품들을 수집하여 빈 공간에 보관, 전시하는 방안을 마련하는 일이다. 도지사 시절 고흥 어느 마을에 안내를 받아 갔더니 농기구와 생활용구를 수집 전시하고 있었다. 자랑스럽게 설명을 해 주어 깊은 감명을 받았다. 마을단위에서 관심을 가지고 시도해 보는 것도 좋을 것이다.

(10) 창(唱)의 고장

전남은 풍광이 뛰어나고 산물이 풍부한 환경을 가졌으며, 향토주민들이 예술에 대한 빼어난 재질을 타고나, 예로부터 여러 분야의 예술이 발달하여 예향이라 일컬어 오고 있다. 그 중에서도 창 분야가 두드러져, 이곳 음악인들은 남도창이라는 향토음악을 발전시키는데 주역을 담당해 왔다. 따라서 판소리와 산조분야의 명인, 명창들이 전남에서 대거 배출되었고 이 분야에 주류를 이루어 연면히 이어오고 있다.

전라북도에서는 MBC방송국의 후원으로 전주에서 대사습놀이행사가 매년 개최되어 명인을 발굴하면서 '창의 고장'으로 널리 홍보되고 있다. 광주에서 전국국악경연대회가 개최되어 판소리 명인을 선발하는 제도가 있으나 규모나 홍보 등 비중으로 보아 전북에 미치지 못했다. 전남을 남도창의 본고장으로 인식해온 나는 어떻게 하면 '남도창의 고장으로서의 전남'을 부각시킬 것인가에 대해 고심하고 있었다.

도립국악단 창단

그러던 차에 김정호 향토문화연구소장(광주일보사 부설)께서 문화행정과 관련한 몇 가지 제안을 서면으로 적어 보내 왔다. 그 가운데 도립국악단을 창단하는 것이 좋겠다는 제안이 들어 있었다. 전적으로 동감이었다.

도립국악단을 창단하여 여기저기에서 활동하고 있는 전남의 국악인들을 한데 규합하여 전문분야에 따라 재능을 마음껏 펼칠 수 있는 장을 만들어서 사기를 북돋아주고, 국악을 공부하는 후학들에게도 희망을 안겨줄 뿐 아니라, 남도창의 본고장이 전남임을 과시하는 계기도 마련할 수 있을 것이라는 생각이 들었다.

그리하여 강영기 기획관리실장이 정병철 문화공보실장, 조우현 문화재계장과 함께 도립국악단 창단계획을 수립하였다. 30~50명 규모의 명인들을 찾아 진용을 갖춘 뒤, 도립국악단을 창단하는 공연을 갖기로 했다. 이를 위해 조례안을 마련하여 내무부장관의 승인을 받았다.

당시 도에서는 근대에 들어와 국창으로 이름을 널리 떨친 임방울 선생(1905~1961)을 기리기 위하여 송정공원에 기념비 건립계획을 수립하고 전남대 지춘상 교수를 건립추진위원장으로 위촉하여 추진하고 있었다. 임방울 선생은 광산 송정 출신으로 일제하의 한을 판소리로 달래어 주었고 비장한 느낌을 주는 애원성으로 모든 사람의 가슴을 울렸다. 그가 57세에 타계했을 때는 우리나라 최초로 국악인장을 치러 장안의 화제가 되기도 했다.

이 공사가 완공되어 제막식을 갖는 날짜에 맞추어 국악인을 초청하여 도립국악단 창단공연을 갖는 것이 의의가 있다고 의견을 모아 그렇게 하기로 하였다.

국창 임방울 선생 기념비 제막식은 1986년 9월 12일 오후 1시 30분에 있었다. 기념비 전면 하단에는 태극문양이 든 북을 설치하여 창(唱)을 상징하도록 함으로써 누가 보아도 국악인의 기념비임을 바로 알 수 있게 하였다. 마침 1년 전 세워진 같은 송정 출신인 용아 박용철 시인의 시비가 샛길 하나 건너 가까이 서 있다.

이날 기념비 제막식에는 국악협회 김한철 이사장을 비롯하여 박동진, 박귀희, 조상현 선생 등 많은 국악인이 참석하여 고인을 추모하고 기념비 제막을 함께 하면서 기뻐해 주었다.

이날 나는 "남도의 판소리를 통하여 일제시대 우리 민족의 혼을 일깨우시고 타고난 미성과 뛰어난 창법으로 판소리의 진수를 들려 주셨던 임방울 선생의 높은 예술정신을 추모"하고

임방울 국창 기념비 제막식

"우리의 주체성을 찾고 민족고유의 가락을 되살려 우리의 것을 가꾸어 나가며" "국악의 진흥에 힘을 기울이자."고 역설했다.

 이어서 이날 오후 5시에 남도예술회관에서 도립국악단 창단 (단원 35명) 공연이 열리었다. 여기에는 제막식에 참석했던 국악인들이 모두 참석하여 축하해 주었고 박동진, 조상현 선생 등 국악인들은 창으로 흥을 돋구어 분위기를 고조시켰다. 특히 박동진 국창께서는 전국에서 처음으로 도립국악단 창립에 대한 기쁨과 국악인으로서의 고마움을 표시하는 즉석사설로 창을 해주어 큰 갈채를 받았다.

도립 남도국악단 창단 공연

  이날의 행사는 참으로 감격어린 것이었다. 흩어져 있던 지방의 국악인들이 도립국악단이라는 한 이름의 구성원으로 함께 활동하는 무대가 마련됨으로써 국악 활성화의 계기가 조성되고 도립국악단원이라는 긍지를 갖게 되었다. 단원 가운데 분야별로 경륜과 예능수준이 높은 국악인을 선정하여 도지정인간문화재로 지정하여 사기를 드높이고 국악에 전념 정진하도록 하였다.

  연습장 마련과 기금조성에도 힘을 썼다. 특히 기금조성에는 여수 호남에틸렌 최창규 사장과 조선내화 이훈동 회장의 기여가 컸다. 국악당과 마당놀이장을 만들어 전남에 오는 국악애호가와 관광객이 언제나 국악을 관람할 수 있도록 광주종합예술회관 건립계획에 포함시켜 건립을 진행했으나 광주시의 광역시 승격으로 광주로 이관되었다.

　도립국악단은 국내공연과 해외공연을 통해 남도창의 고장으로서 전남의 전통을 빛내고 있다. 단원들이 보다 높은 수준의 국악분야에로 진출함에 있어서 도립국악단이 도약대 역할을 하기도 한다.

명창의 기념비 건립

　임방울 선생을 추모하기 위한 기념비는 건립하였으나 많은 명창을 배출한 전남에서 다른 분의 기념비는 전혀 없었다. 따라서 우선 명창 중 몇 분을 골라 출생지나 활동지에 기념비를 세움으로써 판소리의 고장임을 알리고 지역주민들의 긍지심을 심어주는 역할을 하도록 기획하였다.

　그러나 첫째 명창의 출생지와 활동지를 찾는 데는 많은 어려움이 따랐다. 둘째 출생지와 활동지가 다르거나 활동지가 여러 군데 겹칠 때는 어디에다 기념비를 건립할 것인지 문제가 많았다. 여러 가지 곡절을 겪어 가면서 박유전(朴裕全 1835~1906) 이날치(李捺致 1820~1892) 선생의 기념비를 세워 남도창의 전통을 이어온 분들을 기리게 된 것을 흐뭇하게 생각한다.

　박유전 선생은 전라북도 순창 출신이나 18세 때 보성읍 강산리로 이거하여 활동한 서편제의 창시자이며, 선생의 소리 제도를 강산제(江山制)라 한다.

쉰 소리 명창인 그는 많은 제자를 두었으며 이날치도 그의 문하이다. 적벽가, 심청가, 춘향가 중 이별가, 새타령이 뛰어나다. 기념비는 보성읍에 세워 1988년 3월 20일 제막하였다.

이날치 선생의 본명은 경숙(敬淑)이며 담양군 창평면 유천리에서 태어나 수북면 대방리에서 살았으며 박유전 선생에게서 창을 배웠고 장성에서 세상을 떠났다.
그의 거칠고 탁한 수리성인 성량은 거대하고 애원과 한탄으로 청중의 눈물을 자아냈다. 박유전 선생에게서 물려받은 새타령은 독보적이서 쑥국새 소리를 내면 실물새가 날아들었다는 전설이 있다. 1987년 재막한 기념비는 담양군 수북면 대방리 청소년수련원 입구에 서 있다.

(11) 800만원만 지원해 주시요

1985년 11월 어느 날, 이을호 국립광주박물관장으로부터 급하게 전화가 걸려 왔다. "지금 영암 시종면 옹관발굴 현장에 있는데 이 옹관발굴에 필요한 예산을 국비로 지원 받아야 하지만 긴급하니 도비 800만원만 지원해 주시요." 하는 것이었다. 그리고 현지를 방문해 달라는 부탁도 하였다. 나는 즉시 응락하고 문화재 포괄사업비에서 지원해 주었다.
무안군 안보정세보고회 행사(1985년 11월 20일)를 마치고 헬기편으로 와우리 발굴현장에 가 보았다. 이을호 관장 지휘하에 발굴팀이 열심히 작업에 임하고 있었다. 넓지 않은 야산인데 주택을 지으려 나무를 베어내고 중장비로 땅을 고르던 중 옹관이 무더기로 발견되어 공사를 중단하고 광주박물관에 신고하여 발굴작업을 하게 되었다는 것이다.

크고 작은 옹관묘가 산재해 있었다. 청동기시대의 생활상을 탐구하는데 중요한 의의를 가지고 있다. 적시에 도비 지원을 참 잘 했다는 생각이 들었다. 영암 시종과 나주 반남 일대에는 고대 청동기시대 옹관묘가 많이 있는 유적지이다.

우리 주변의 매장문화재는 지표조사에 의해 발굴되기도 하지만 민간인의 작업 중 발견되는 경우가 많다. 와우리 발굴지도 마찬가지다. 만약 신고 않고 도자로 밀어부쳤다면 문화재는 사라지고 말았을 것 아닌가 하는 생각에 이르렀을 때는 아찔한 느낌이 들었다. 그래서 공사 현장에서 매장문화재가 발견되었을 때 공사를 중지하고 즉시 도, 시군, 읍면이나 문화원, 박물관, 향토사학자에게 연락하여 조사발굴을 할 수 있도록 지침을 줄 필요가 있다고 생각했다.

(12) 선사주거지를 복원하여 교육장화 합시다.

내무부 차관보 때의 일이다. 어느 날 경향신문을 보는데 '장천리 선사주거지 발견'이라는 기사가 눈에 띄었다. 경지정리를 하던 중 주거지가 발견되었다고 쓰여 있었다. 장천리는 나의 고향마을이다. 거기에서 선사주거지가 발견되다니, 무척 반가웠다.

우리 고향에는 여기저기 고인돌이 산재해 있어 어렸을 적 '고름장'이라 하여 돌로 괴어진 큰 바위 밑을 들여다보기도 했다. 그것이 선사주거지와도 관련이 있는 것이라는 생각이 들었다.

전남도지사로 부임해서 목포대학교 박물관장인 배종무 교수와 함께 장천리 선사주거지에 가 보았다. 이 지역 지석묘군을 조사한 바 있는 배종무 관장은 선사주거지에 대해 자세히 설명해 주었다. 마을 앞 혼머리 들판, 길 바로 아래 고인돌이 있고 그 옆이 선사주거지 위치라 했다. 경지정리사업이 아니었더라면 영원히 묻혀버렸을지도 몰랐을 이 선사주거지가 경지정리사업으로 파헤쳐진 뒤에야 눈에 띄게 되었다고 했다. 얼마나 다행스런 일인가.

이 유적의 중요성을 인식하고 배종무 관장의 요청에 따라 사업비를 지원하여 1985년 11월부터 발굴조사를 실시하였다. 거기에서 6기의 주거지를 확인하고 무문토기, 석기류도 다수 수습하였다. 추가조사도 계속 실시되었다.

배종무 관장은 발굴조사가 끝난 뒤 선사주거지를 복원하여 역사교육장으로 활용하고 수습된 유물의 모사품을 본래의 자리에 두어 선사주거지의 상황을 이해할 수 있게 하자고 제안했다. 이에 따라 선사주거지를 복원하게 된 것이다. 장천선사주거지는 1986년 9월 29일 전라남도 기념물 98호로 지정되었다.

선사주거지 복원

(13) 도지사가 그것도 모르시오?

장성에 거주하시는 산암 변시연(汕巖 邊時淵) 선생은 한학자이고 사학자이며 보학(譜學)의 대가로 널리 알려져 있다. 1960년대부터 한국고문연구회(韓國古文硏究會)를 조직하여 이끌었다. 광주시장 재직 시부터 교분이 깊었다. 나의 아호(雅號) 취석(翠石)도 지어 주었다.(1986년 중추절) 영암 상대포에는 아호를 따서 지은 취석루(翠石樓)가 서 있다.(2012년 7월 17일 영암군)

(왼쪽 두번째) 변시연 선생

취석루

전남의 각 문중에서 간직하고 있는 고문(古文)들이 소실될 우려가 있으므로 이를 찾아서 『전라남도향토자료(全羅南道鄕土資料)』라는 이름으로 일련번호를 부여해 시리즈로 발간 보존하자고 제의해 도비를 지원하여 꾸준히 발간해 왔다.

1986년 1월 24일 내 방에 들른 산암 선생은 변이중(邊以中 1546~1611)선생의 화차를 만들고자 하니 도비를 지원해 달라는 것이었다. 나는 "왜 그분의 화차를 만들어야 합니까?" 하고 의문을 제기했다.

대뜸 "변이중 선생이 장성 출신인줄 모르시오?" 라고 목소리를 높였다. 나는 깜짝 놀라 장성분이시냐고 물었더니 "도지사가 그것도 모르시오?" 하고 힐난했다. 정말 몰랐다. 역사를 배울 때 출신지를 도외시하고 행적만 배웠기 때문이다.

임진왜란 3대 대첩 중 하나인 행주대첩(1593년 2월 25일) 때 권율 장군이 변이중의 화차를 써 승리했다는 것은 알고 있었지만.

문득 초등학교 4학년 때 최대원 담임선생님이 '내 고장'을 알아야 한다면서 영암의 자연환경과 선현의 발자취 등을 가르쳐 주신 생각이 떠올랐다. 초등학교에서 고향의 자연환경과 역사적 유적, 유물, 인물을 찾아서 교육을 하는 것은 고향에 대한 긍지심을 심어주는데 의의가 크다. 그리고 고향의 역사적 인물을 찾아서 선양하는 것은 후대의 당연한 책무이다.

변이중 선생의 사우가 선비의 고장 장성에 있다. 봉암서원(鳳

巖書院)이다. 나는 산암 선생과 함께 봉암서원을 방문하여 봉심을 하였다. 도비 지원으로 화차를 제작하여 전시하고 있다.

(14) 지방문화재 지정

　문화적 발자취를 크게 남긴 문화예술인의 생가나 거주지, 작품활동 장소 등은 한번 원형이 훼손되면 되돌릴 수 없는 손실을 가져온다. 그러므로 이를 미리 보존하는 방안을 강구할 필요가 있다. 이러한 활동공간은 작품을 탄생시킨 창작의 터전이며 사상을 정립한 자리로서 중요한 의미를 갖는다.

　문화예술에 관심을 가진 사람들이나 이 분야를 공부하는 후학들은 이곳을 방문하여 작품구상 분위기를 살피고 선인을 기리는 기회를 갖고자 하는 경우가 많다. 또한 문화관광명소로서 관광객들이 방문하는 곳이 되기도 한다. 더욱 중요한 것은 그 지역에서 이름 있는 문화예술인을 배출했다는 긍지를 지역민이 간직하게 되어 지방정주(地方定住)의 발판이 된다는 점이다. 그러므로 이와 같은 문화시설을 지방의 자산으로 보호하고 문화재로 보존하는 것은 지방문화를 창달해야 할 책무가 있는 행정기관의 당연한 임무이다.

영랑 생가의 보존

 나는 영랑 김윤식(1903~1950)의 시를 좋아 한다. 같은 시기에 시작활동을 한 정지용의 기교에 찬 그림 같은 묘사와는 달리, 맛깔 나는 토속어와 음악적인 운율이 철철 넘치는 그의 순수 서정시를 좋아한다. 그의 대표시인 「모란이 피기까지는」을 읊노라면 영랑의 강진 생가에 모란이 피었다가 뚝뚝 떨어져 버리는 모습이 눈에 어른거리고, 툇마루에 우두커니 앉아 못내 아쉬워하는 영랑의 영상이 그림처럼 떠오른다. 나는 그래서 모란꽃을 좋아하게 되었고 끝내는 강진 처가에서 모란을 구해다가 서울 집 정원 섬돌 옆에 심어 4월 하순이면 풍성히 피었다가 떨어져버리는 꽃을 보며 영랑을 생각하곤 했다.

 그의 생가는 강진읍 남성리 211-1에 있다. 나는 도지사로 재임 중 강진에 가는 길에 영랑 생가를 찾아 본 적이 있다. 골목길을 따라 허름한 집에 들어섰다. 주인은 무표정했다. 영랑생가치고는 너무 소홀히 관리되고 있었고 모란도 볼품없이 제멋대로 서 있었다. 나는 영랑 생가를 이런 상태로 두어서는 안 되겠다는 생각을 가지게 되었다.
 그 뒤 강진에 갈 기회가 있어 양희택(梁熙澤) 전 강진농협조합장을 만나 영랑 생가가 어떻게 되어 있는지 물어 보았다. 그랬더니 영랑 집은 몇 번 팔려 주인이 바뀌었으며 현재의 집 소유자가 다시 팔려고 3천만 원에 내놓았다는 것이다. 문학을 하는 학생들이 자주 방문하는데 집주인이 귀찮아서 문을 잘 열어주지 않는다는 얘기가 있다고도 했다.

나는 이 집이 다시 다른 사람에게 팔려간다면 이 집의 앞날이 어떻게 될지 모른다는 생각이 들었다. 인근에 아파트가 들어서고 있었다. 자칫하면 아파트가 들어설지도 모를 일이었다. 차제에 이 집을 군 소유로 사서 도 문화재로 지정해 집의 원형을 보존 관리하는 것이 좋겠다는 생각을 하였다.

나는 도비 3천만 원을 강진군에 보조해주면서 영랑 생가를 군에서 구입하여 관리하도록 서형환 강진군수에게 지시하였다. 군에서는 그 집을 매입하여 군유로 직접 관리하게 되었다. 도에서는 1986년 2월 7일 지방유형문화재 89호로 지정하였다. 강진군(황주홍 군수)에서는 영랑생가 매입과 문화재 지정에 대한 고마움의 표시로 공직을 떠난 나에게 그 내용을 담은 감사패를 주었다.(2007년 4월 21일)

지금 영랑생가는 잘 보존·관리되고 있다. 관광객도 적지 않다. 모란도 많이 심어 영랑의 '모란' 시를 연상케 한다. 대문 밖에는 80년 넘은 모란 대목(大木)이 연륜을 자랑하고 서 있어 관광객들의 촬영 배경이 되고 있다. 영랑 생가가 군유로 관리되자 뜻있는 군민이 집에서 키워온 모란을 기증했다 한다.

정원에서는 문학모임이 자주 열리기도 한다. 담장 너머 안쪽에 서있는 수 십 년 되었음직한 은행나무는 영랑 생존 시의 증언이나 하려는 듯 안에 들어서는 방문객을 반기는 것 같다.

김재홍 교수, 전석홍, 김상수 문화관광과장

　같은 시기 시문학파로 활동했던 정지용 문학상은 옥천군에서 문학제를 열면서 성대하게 시상을 하는데 영랑시문학상은《시와시학》(발행인 김재홍)에서 3회(2003년~2005년)까지 강진군의 지원 없이 조촐하게 수여하였다. 나는 2회와 3회 수여식에 참석한 바 있다.

　나는 2005년 황주홍 강진군수에게 연락하여 김재홍 교수, 나 셋이서 63빌딩에서 만나 모란이 필 무렵 강진군이 주관하여 영랑문학제를 개최하고 영랑시문학상도 시상하기로 합의하였다. 2006년 4회 영랑시문학상 시상 때부터 강진군에서 영랑문학제가 성황리에 열리고 시상식도 거행되고 있다.

용아 생가의 보존

용아 박용철(1904~1936)은 광산 송정 출신이다. 용아는 영랑과 동시대의 인물로 1930년대 전후반기 시문학의 큰 별이었다.

고등학교 국어교과서에 실린 「시적변용(詩的變容)에 대하여」라는 박용철 시인의 창작과정으로서의 시론 내용에 매료되어 읽고 또 읽어 나의 것으로 익혀 갔던 기억이 떠오른다.

'나두야 간다'로 시작되는 「떠나가는 배」는 나라를 빼앗긴 일제시대 젊은이의 고뇌를 토해낸 용아의 대표작이다. 이러한 시인이 우리 고장 출신이라는 것만으로도 자랑스럽다. 그의 시비는 1985년 11월 15일 송정공원에 건립되어 「떠나가는 배」가 새겨져 있다.

용아의 생가는 송정 소촌리 363번지에 있다. 어느 날 해질 무렵에 용아 생가를 찾았다. 매우 넓은 집이었다. 안채 뒤란에는 사당이 있고 그 안에 영랑과 둘이서 찍은 큼직한 사진이 세워져 있다. 대문 방향으로 사랑채도 따로 있다. 생활이 넉넉했던 것으로 보였다. 자손들이 잘 풀렸고 집도 잘 보존되어 있다.

용아의 생가는 영랑 생가와 같은 날인 1986년 2월 7일 지방기념물 90호로 지정하여 보존하고 있다. 문학도들의 발걸음도 꾸준히 이어지고 있다.

허백련 춘설헌과 오지호 화백 화실

　의재 허백련(1891~1977) 선생이 춘설헌(春雪軒)에 생존해 계실 때에는 무등산을 든든하게 지키고 계시는 도인 같은 큰 무게를 느낄 수 있었다. 무등산 자락인 동구 운림동 산 151번지에 자리한 춘설헌에 가면 의재 선생의 품격이 묻어난다.

　미술애호가들 뿐 아니라 광주를 찾는 많은 분들이 드나들던 발자취가 남은 춘설헌을 이 지방의 자랑으로 보존하고 의재 선생을 기리는 분들과 문화관광객들이 찾는 장소로 만들기 위해 지방문화재로 지정하도록 하였다. 그리하여 1986년 9월 29일 지방기념물 95호로 지정하여 보존하고 있다.

　오지호 화백(1905~1982)은 화순 동복 출신으로서 '생애를 통해 신념으로 삼았던 자연주의 미학의 선봉에 입각한 순수한 회화세계의 실현'을 한 '지성적인 예술의식'을 지닌 현대미술의 대가이다. 전국적인 명성을 지닌 서양화가로서 고향에서 평생을 살며 향토애의 작품을 특질적인 예술성향으로 연작하였다.

　그는 조선대학교 창설교수로 재직하면서 회화정신과 자연주의로서의 풍부하고 생동적인 색채형상위주의 수법 방향으로 영향을 미쳐 오지호계의 호남양화 일파를 이루었다. 그는 광주에서 동시대 전통화단의 의재 허백련 선생과 두 거벽이었다는 것은 지역의 영광이었다.

오지호 화백 댁에서, 오승윤 화가

오지호 화백의 집은 광주 지산동 275번지에 있다. 안채 초가는 지방문화재로 이미 지정되어 보존되고 있다. 그러나 그의 화실은 현대건축물로서 문화재 지정이 되지 않았다. 따라서 이를 보존할 목적으로 1986년 8월 29일 지방기념물 96호로 지정하였다.

목포 이씨 정원

목포 이씨 정원은 조선내화 이훈동 회장의 저택 정원을 말한다. 이훈동 회장의 저택은 목포 유달동 4-1로, 유달산의 남동쪽 기슭에 자리 잡고 있다. 정원에서 올려다보면, 유달산줄기가 유선각을 거쳐 그대로 내려와 정원으로 연결된 것 같은 느낌을 준다.

이 집은 1930년대 일본인이 짓고 꾸민 정원이다. 해방 후 소유주가 바뀌었으나 1950년대에 이훈동 회장의 소유로 된 이후 정원도 넓히고 관리도 잘 하여 훌륭한 정원으로 가꾸어 놓았다. 난대성 상록수를 많이 심어 가지런히 다듬어 통일성을 이루었고 정원 안에 석등, 5층탑과 7층탑이 배치되어 관상과 휴식에는 적절한 정원이라고 할 수 있다.

1,000여평의 정원은 입구정원, 안뜰정원, 임천정원, 후원으로 이루어져 있다. 각 정원에는 입지에 알맞은 나무를 심어 조경을 하였고 현관 입구 좌측에는 오래된 백향나무가 서 있다. 이 향나무는 일본의 화산이 폭발했을 때 그 힘에 의해 씨앗이 날려 땅에 떨어져 자란 희귀목이라는 일화를 가지고 있다. 이 백향나무를 가지고 싶어 하는 서울 나무애호가가 있어 일본 교토의 조경전문가까지 보내 팔 것을 권했지만 팔지 않고 보존해 오고 있다. 특히 후원은 언덕 위의 판판한 잔디마당을 중심으로 하여 위아래 비탈면에 각종 나무를 심어놓아 휴식공간으로 적합하다. 이곳에 심어진 나무는 총117종이다.

저택은 일본의 서원조형의 건축물이며 지붕은 동판으로 되어 있다. 현관에 들어서면 입구 정면 벽에 남농 허건 선생(1907~1987)이 20대 때 그린 금강산 산수화 보덕굴 그림이 걸려 있었으나 지금은 바로 옆에 건립한 성옥기념관(聲玉記念館)으로

역대 도지사와 함께

옮겨 전시되어 있다.

 나는 1986년 역대 전남도지사를 도청에 초청했을 때 전직 도지사들과 더불어 이곳을 방문하여 식사를 하고 정원의 조경을 관람했다. 그때 나는 이훈동 회장댁을 영구 보존할만한 가치가 있다고 생각했다. 더욱이 조경관련 학생들의 학습을 위한 방문이 끊이지 않는다 했다.

 이만큼 가꾸어지고 다양한 나무가 식재된 정원도 드물다. 지방문화재로 지정하여 원형을 보존하고 소유주 임의로 처분하는 것을 막을 필요가 있다고 보았다. 먼저 이훈동 회장께 말씀드렸다. "지금은 이 집과 정원이 잘 보존되고 있지만 후대에 가서 어떻게 되어버릴지 모르니 지방문화재로 지정하여 영구 보존하는 것이 좋겠습니다."라고 말씀드렸더니 즉시 동의해 주었다.

그런데 지방문화재로 지정하도록 지시는 하였으나 정원의 역사성이 없어 잘 추진되지 않았다. 도의 문화재위원장은 부지사이며 위원은 각계의 권위 있는 전문인사로 구성되어 있다. 어떻게 하든지 영구 보존되도록 해야 하겠다는 생각을 가지고 추진 방법을 모색했다.

가장 중요한 역할을 하는 분은 이 분야 도 문화재위원인 전남대학교 정동오 교수였다. 나는 정 교수를 지사실로 초청하여 이에 대하여 상의를 드렸다. 정원의 조성 형태로 보아 뚜렷한 정형이 없고 우리나라의 전통 정원이 아니어서 역사성이 없으므로 문화재로 지정하기에는 어려움이 있는 것이 당연한 일이나, 정원이 잘 가꾸어져 있고 수종도 다양하여 학생들의 현장 교육장이나 관광대상지로도 될 수 있으므로 이를 문화재로 지정하여 공공의 것으로 영구 보존하자고 말씀을 드렸다. 정 교수께서도 같은 생각을 해 주셨다. 그렇게 해서 정 교수의 노력으로 1988년 3월 16일 지방문화재자료 165호로 지정되어 잘 관리되고 있다.

(15) 조대(釣臺)를 살립시다

송강 정철(鄭澈 1536~1593)의 문학적 발자취가 있는 광주호 상류주변에는 송강정, 식영정, 환벽당, 소쇄원, 독수정 등이 있어 하나의 문화관광코스로 각광 받는 곳이다. 송강은 여기에 우거하면서 사미인곡, 속사미인곡, 성산별곡을 지었다. 성산(별뫼)은 송강이 성산별곡을 지어 자연의 승경을 예찬함으로써 유명해졌다.

성산별곡에는 '짝맞안 늙은 솔란 조대(釣臺)에 세여두고' 라는 구절이 있다. 여기에 나오는 '조대'는 낚시터이며 광주호로 흘러드는 바로 위쪽 하천 바위에 '조대(釣臺)'라는 글자가 음각되어 있다. 조대는 환벽당 아래쪽, 충효마을 사람들이 드나드는 마을 입구 길가에 자리하고 있다. 그 주변에는 몇 그루의 노송이 가사문학의 증인이듯 우아하게 서 있다.

가사문학권으로 일컬어지는 이 일대 송강의 문학적 발자취는 어느 것이든 훼손되지 않게 보존하여 그의 향취를 느낄 수 있게 하고 가사의 소재를 후대에 알 수 있게 하는 것이 필요하다.
여름 어느 날 석양에 식영정 일대를 살펴보기 위해 정병철 문화공보실장과 함께 충장사쪽에서 충효마을을 거쳐 식영정 방향으로 가고 있었다. 그런데 충효교를 건너기 전에 우측으로 조대가 있는 곳에서 마을 사람들이 작업하고 있는 모습이 눈에 띄었다. 현장에 가보니 조대 반석이 있는 계천길을 높이고 있었다. 그렇게 되면 조대는 묻혀 그 모습이 사라지게 된다.

"무엇을 하고 계십니까?" 하고 문의하였더니, 한 분이 나서면서 "비가 오면 마을 입구 길에 물이 차서 다니기 어려우므로 길을 높이고 있습니다." 라고 대답하였다. 나는 '조대'를 기리키며 "바로 이 바위가 정철 선생의 가사에 나오는 낚시터인 조대이며 여기에 조대라고 표지가 되어 있어 보존되어야 합니다." 하고 부탁 드렸다. 그분들은 순응해 주셨다.

조대가 있는 곳에는 조대임을 누구나 알아볼 수 있고 그곳을 함부로 훼손하는 일이 없도록 하기 위하여 표지석을 세워야 하겠다는 생각이 들었다. 그래서 이을호 국립광주박물관장을 모시고 정병철 문화공보실장과 함께 조대가 있는 현지를 살펴보고 '조대'의 글귀가 나오는 성산별곡의 일부 구절을 넣어 표지석을 세우기로 했다. 표지석은 자연석으로 1986년 1월 5일 설치했다. 전면에는 성산별곡 중에서 조대와 관련된 부분을 발췌하여 다음과 같이 기록 했다.

釣臺(조대)

짝맞안 늙은 솔란 釣臺에 세여두고

그아래 배랄띠워 갈대로 더저두니

紅蓼花(홍료화) 白蘋洲(백빈주) 어느사이 지나관대

環璧堂(환벽당) 龍(용)의 소히 뱃머리에 닿았애라

뒷면에는 '이 낚시터는 옆에 서 있는 두 그루의 소나무와 함께 조대 쌍송(雙松)으로 알려진 곳이다. 그 아래 흐르는 창계(蒼溪)의 물은 소(沼)를 이루고 여기서 뱃놀이도 행해졌다고 한다. 조선 명종 때에 임억령(林億齡) 등 성산의 사선(四仙)이 조대쌍송(釣臺雙松), 환벽영추(環璧靈湫), 송담범주(松潭泛舟) 등의 시를 짓고 정철이 성산별곡에서 이 승경을 노래함으로써 조대는 더욱 이름나게 되었다.' 라고 서예대가 장전 하남호 선생의 글씨로 새겼다.

(16) 약무호남시무국가(若無湖南是無國家)

'약무호남시무국가'는 우리 귀에 익숙한 글귀다. 이순신 장군의 서한문 중에 들어 있는 글귀다. 호남이 아니면 나라의 존립이 위태롭다는 뜻을 담고 있다.

1984년 10월 전라남도 도지사로 부임하여 이 글귀를 처음 접한 것은 그 이듬해이다. 광주상공회의소 신태호 회장께서 글씨접시를 가지고 도지사실에 들렀다. 가지고 온 접시를 꺼내 보이면서 이순신 장군의 글귀인데 의재 허백련 선생께서 쓰신 글씨라 했다. 이를 선물용으로 활용하는 것이 어떻겠느냐는 것이었다. '약무호남시무국가(若無湖南是無國家)'라고 네자씩 두 줄로 내려 썼으며, '정유재란 중 서한 일절'이라고 씌어 있었다. 매우 좋은 글귀라고 생각했다. 그 뒤 신태호 회장께서 글씨접시 3백개를 만들어 보내와 방문객 선물로 활용했다.

글씨접시

 마침 광주공항 청사가 비좁아 새로이 청사를 짓는 공사가 진행되고 있었다. 신청사가 마무리 될 무렵 손수익 교통부장관께서 나에게 전화를 걸어 왔다. 전남은 예향이니 새 청사 귀빈실에 그림과 글씨, 도자기 등을 마련해서 비치해 달라는 것이었다. 우리 고장의 예술품을 전시해 예향으로서의 전남을 홍보하는 계기가 되겠다 싶어, 그림은 동양화가이면서 산수화에 능한 아산 조방원 선생에게, 글씨는 광주예술학교 교장으로 재직 중이던 서예가 장전 하남호 선생에게 의뢰하고, 도자기는 강진 청자를 전시하도록 했다. 장전 선생에게는 글씨접시를 보내서 '若無湖南是無國家'를 쓰도록 했다. 그렇게 해서 광주공항 귀빈실에 비치한 것이다.

그 뒤 민정당 노태우 대통령 후보께서 광주에 오셨다. 비행장 귀빈실에 게시된 '若無湖南是無國家' 글귀를 보시고, 내용을 물으셨다. 이순신 장군의 서한문으로 호남의 중요성을 피력한 글귀임을 설명 드렸다. 그날 염주실내체육관에서 있은 행사에 참석하시어 연설 중 이를 인용하시면서 호남의 중요성을 역설하셨다. 공식 석상에서 이 글귀를 인용한 처음 사례였다. 이어서 정치인을 비롯한 많은 분들이 호남의 중요성을 언급할 때면, 으레 이 글귀를 인용하였으며 이러한 과정을 통해 널리 파급 되었다.

나는 이 글귀가 누구에게 보낸 서한문 중에 들어 있는지 늘 궁금했다. 그러던 중 2007년 4월 왕인박사현창협회 이사회를 마친 뒤, 현삼식 감사(연주현씨 28세)로부터 『사직공(휘 윤명) 파세덕소람〈司直公(諱 允明) 派世德小覽〉』이라는 단행본 한 권을 받았다. 서울에 돌아와 차분히 살펴보던 중, 이순신 장군의 서한문이 그 책자 속에 실려 있어 '若無湖南是無國家'가 눈에 번쩍 띄었다.

임진왜란이 일어난 이듬해인 계사년(癸巳年 1593년) 7월 16일, 이순신 장군께서 지평 현덕승(持平 玄德升)에게 보낸 편지 원문 속에 이 글귀가 들어 있었다. 현지평께서는 안부 서신과 군사에 필요한 마포, 면포 등 물품을 이순신 장군께 보냈는데 이에 대한 고마움의 답신으로 보낸 서한문이다.

여기에는 '가만히 생각컨대 호남은 나라를 지키는 울타리이니 만약에 호남이 없다면 이는 국가가 없어진 것임으로 어제 한산도로 진을 옮겨서 바닷길을 차단할 계획입니다(竊想湖南國家之保障若無湖南是無國家是以昨日進陳于閑山島以爲遮海路之計)'라고 씌어 있다. 동쪽으로 미리 나아가서 진을 치고 왜군을 막아내기 위하여 1593년 7월 15일 여수 본영을 한산도로 옮긴 다음 날 7월 16일 이 서신을 써 보낸 것이다. 임진왜란이 일어나자 호남의 지위를 얼마나 중시하였는가를 잘 나타내고 있다.

현지평은 현덕승(玄德升 1564~1627)으로 천안이 본향이며 이순신 장군보다 19세 아래이다. 1590년에 문과에 급제하여 요직인 지평(사헌부 정5품)으로 있을 때 이순신 장군이 보낸 서신으로 되어 있다. 정조 19년(1795년) 편찬하고 그 뒤 보유(補遺)한 『이충무공전서(李忠武公全書)』에 이 서한문이 수록되어 있다. 이를 번역한 이은상 선생은 편지 말미에 '척하(戚下)'라는 표현으로 보아 충무공의 외가 쪽 친척으로 추정된다고 했다. 두 분은 가까운 사이로 이미 서신을 주고받는 관계인 것으로 알려져 있다.

이순신 장군이 보낸 서신의 원본은 영암군 군서면 서구림리 연주현씨사직공파영암문중(延州玄氏司直公派靈巖門中)에서 소장하고 있었다. 현덕승(玄德升 연주현씨 14세)께 보낸 3편, 현건(玄健 연주현씨 15세, 구림 거주)께 보낸 4편이었다.

1830년(순조 30) 이순신 장군의 8대손 이능권(李能權)이 영암군수로 부임하여, 이순신 장군의 서신이 연안현씨영암문중에서 소장하고 있다는 것을 알고 그 서신 원본이 진본임을 확인한 다음 가져갔으며 그것이 국보 76호(이순신 서간첩)로 지정되어 현충사에 보존되어 있다.

(17) 문화유산 보존을 위하여

신고지침 시달, 향토사연구인명록 발간

매장문화재 조사발굴을 위하여 지표조사를 한다. 그러나 실제 문화재발굴은 주택건축, 경지정리사업, 도로공사 등 다른 사업을 진행하다가 발견되는 경우가 많다. 장천선사주거지는 경지정리를 하다가 발견되었고 시종 와우리 옹관은 집을 짓기 위해 터를 닦다가 발견되었다.

함평군 나산면 초포리 청동기 유물은 마을에서 농로확장공사(1987년 2월)를 하다가 청동검이 발견되자 공사를 중단하고 즉시 함평군에 신고하자 이현석(李炫石) 향토사학자(『향토사연구인명록』 수록)가 이 사실을 광주박물관 성낙준 연구사에게 통보했다. 성낙준 연구사는 조현종 연구원에게 알려 현장 확인

함평나산청동기유물 발굴현장

후 한병삼 국립중앙박물관장에게 보고하여 발굴이 이루어진 것이다.

다행히 민간인들이 작업을 하다가 유물이 발견되자 중단하고 이를 신고하여 소실되지 않고 발굴되어 귀중한 역사자료가 된 것이다.

전라남도에서는 공사 중 문화재가 발견되면 즉시 공사를 중단하고 행정기관, 박물관, 문화원, 지방에 거주하는 향토사학자에게 신고하여 조사발굴이 이루어진 뒤 공사를 진행하도록 지침서를 마련, 시군에 시달하고 시공자에게 주지시키도록 하였다.

아울러 향토사학자의 자긍심을 드높이고, 누가 향토사학자

향토사연구인명록

인지를 알 수 있도록 인적 사항을 기록한 『향토사연구인명록(鄕土史硏究人名錄)』(1986년 6월 30일)을 제작하여 보급하였다. 여기에는 향토사연구인 외에 전라남도 문화재위원회 위원과 전문위원, 문화원, 향토사연구기관과 단체의 연락처가 등재되어 손쉽게 활용할 수 있도록 하였다.

문화재 인력 양성

전남지방에는 문화재 관련 인력이 부족했다. 특히 행정기관에는 더욱 그러하였다. 그래서 고고학분야 인력을 양성할 필요가 있다는 생각을 가지고 1986년 대통령 연두 순시 시 전남대학교와 목포대학교에 고고학과 신설을 건의하였다. 쾌히 응락해 주셨다. 그리하여 목포대학교에서는 고고학과를 신설하여 졸업생들이 전남을 비롯해 각지에서 활동하고 있다. 전남대학교에서는 사학자들의 의견을 조정해 고고미술사학과를 설치하였다.

나는 문화재가 많은 시군부터 문화재 전문인력을 특채 배치하겠다는 뜻을 김영인 전남대학교 총장과 배종무 목포대학교 박물관장께 말씀 드렸다. 시군 뿐 아니라 문화재가 많은 읍면의 경우 가까운 위치에서 보존 관리가 필요하므로 문화재 관련 인력의 배치가 필요하다는 생각을 가지고 있었다.

향토문화총서발간

전라남도에는 향토문화에 관심을 기울여 연구하는 석학들이 많이 있다. 전남지방에 있는 문화는 천혜의 자연여건과 거주하는 주민의 생활양식, 추구하는 사상에 따라 다른 지역과 상이한 특성을 갖는다. 이를 찾아 체계화하는 일은 행정기관과 전문가들의 책무이다.

전라남도에서는 분야별로 석학들에게 과제를 맡겨 흩어져 있는 소재를 체계적으로 정리하여 책자로 발간하는 작업을 시작하였다.『전남의 문화와 예술』,『전남의 농요』,『전남의 세시풍속』,『전남의 전설』,『전남읍면편람』,『명소지명유래지』,『문화유적총람』,『내 고장 향토음식』등을 시리즈로 발간하였고 이후『전남의 조경문화』,『전남의 문학』,『전남방언사전』등 귀중한 책자들을 편찬 출간하였다. 나는 이 향토서들을 서가에 꽂아놓고 글을 쓰면서 애용하고 있다.

(18) 향교와 사찰에 관심을 기울이다

전라남도(광주광역시 승격 전)에는 광주향교를 포함해 29개소의 향교가 있다. 향교는 우리 전통문화의 기축을 이루는 전당이다. 전라남도에 있는 모든 향교를 다니며 봉심을 하고 유림들과 대화를 나누면서 애로사항을 경청해 해결을 하는데 힘을 기울였다.

광주향교는 광산군수와 광주시장으로 취임해 봉심을 한 향교이다. 광주향교는 전남의 중심향교로서 손색이 없게 필요한 시설을 구비하도록 뒷받침해야 하겠다는 생각을 가지고 있었다. 도지사 재임시 정해규 전교는 행정가와 교육자의 경륜을 지닌 분으로 열성적으로 충효관을 비롯한 미비한 향교 시설을 확보하는데 힘을 기울여, 재정적 지원을 해 주었다.

광주향교 충효관 기공식

영암향교 박찬우 전교는 6.25전란 때 소실되어 버린 영암향교의 재건을 위해 동분서주했다. 도에서는 대성전 복원과 명륜당, 양사재, 삼문 번와 그리고 전사청, 제기고 신축을 하는데 뒷받침을 해 주었다.

전남에는 대사찰이 즐비하다. 주요 사찰에 들려 주지스님과 대화를 나누고, 주지스님들과 간담회를 개최하여 애로사항을 청취한 다음 해결을 하는데 힘을 기울였다. 시설 지원 요청이 있을 때는 이를 뒷받침해 주고, 실무진의 선에서 풀리지 않은 현안은 이를 직접 해결해 주었다.

백양사 쌍계루 복원 준공식

송광사에서는 도비 지원으로 지은 영월관 현판을 써 달라고 부탁하였으나 영(靈)자 쓰기가 버거워 사양하고 운곡 박중래(雲谷 朴重來) 서예가에게 의뢰하여 쓰도록 하였다.

도갑사는 도선국사가 창건한 명사찰이다. 도갑사는 초등학교 때부터 소풍을 다녀 익숙한 사찰이다. 도갑사에는 도선국사와 수미대사의 영정을 보유하고 있었으나 보존시설이 없었다. 나는 도갑사에 다니면서 여러 차례 영정을 보면서 훼손되지 않도록 보존시설이 절실하다는 생각을 가지고 있었다. 그래서 김옥현 영암군수에게 도비 지원을 해 주면서 국사전(國師殿)을 건립하여 보존하도록 하였다. 또한 도선국사의 기록을 수록한 책자를 발간하도록 지원을 하였다. 영암군에서는 1988년 4월 『先覺國師 道詵의 新研究』를 출간하였다.

15대 국회의원 때 범각 주지스님이 도선국사에 대한 기록을 보관 전시할 성보전을 건립할 필요가 있다면서 국비 확보를 요청하였다. 그래서 국회예산결산특별위원회 위원으로 있으면서 국비를 확보하여 지원하였다. 도선국사 성보전이 준공되어 자료 보존과 전시를 하고 있다. 또한 도갑사 아래 주차장 건립을 위해 국비를 확보해 지원하였다.

(19) 전 읍면 현지에 가다

행정은 현장에서 이루어진다. 행정의 문제도 답도 현장에 있다. 현장에서 주민과 일상 접촉하는 일선 행정기관은 읍면이다. 그러므로 행정이 주민으로부터 신뢰를 얻으려면 읍면행정이 잘 되어야 한다. 읍면은 행정의 얼굴이라 할 수 있다.

읍면행정이 잘 되려면 대민 업무를 담당하고 있는 읍면 공무원들이 주민의 편에 서서 업무처리를 해 주어야 한다. 그러기 위해서는 일선 공무원들의 불편을 해소해 사기를 높여 주고 행정실태를 파악하여 개선책을 강구할 필요가 있다.

따라서 읍면의 현장에 가서 읍면 공무원들과 대화를 통해 '하고 싶은 얘기'를 여과 없이 들어 문제를 해결해 주고, 시책에 반영하기 위하여 1987년 3월 전남에 있는 236개 읍면을 순시할 계획을 수립 시행하였다. 육지부는 지역에 따라 틈틈이 순시했다. 도서지방은 헬기(기장 이재웅, 추후 완도경찰서장)를 이용했다. 기상이 안 좋을 때는 바다와 하늘이 구분이 안 되어 가다가 부득이 돌아올 때도 있었다. 읍면에 가서 읍면 근무환경을 살펴보고 임시직을 포함한 하위직 공무원들과 대화를 나누었다. 읍면장과 간부직이 있으면, 하고 싶은 말을 다 못할 것 같아 제외 시켰다. 최초로 방문한 곳이 영암군 금정면사무소였다. 시책상 문제점, 애로사항, 시정해 주었으면 한 건의사항 등을 제한 없이 경청하였다.

읍면에 가서 공무원들과 대화를 하지 않았으면 개선되지 않았을 사안들을 알게 되어 매우 유익했다. 읍면에 근무하는 직원 중 농어민소득증대사업을 정부시책으로 추진할 때 채용한

곡성옥과면사무소 직원과의 대화

농고출신들이 아직도 임시직으로 근무하고 있었다. 업무능력을 인정받고 연조가 오래돼 정규직보다 상석에 앉아 근무하면서도, 공개채용시험을 치르면 갓 고등학교를 졸업한 수험생에게 점수가 뒤져 아예 응시할 생각을 하지 못한다는 것이다. 그러니 특별채용으로 양성화해 달라는 건의를 받았다. 이 건의를 받아들여 공석이 생길 때 특별채용을 하도록 조치하여 구제해 주었다. 다만 특채는 40세까지로 제한되어 있으므로 연령이 높은 순으로 해달라는 건의가 있어 그렇게 조치해 주었다.

농림직은 행정직에 비해 자리가 얼마 되지 않아 승진 기회가 적으므로 행정직 공석 시 근무평정과 근무연한에 따라 행정직으로 전환할 수 있도록 형평을 맞추어 달라는 건의가 있어, 이를 받아들여 조치해 주었다. 그 후 능력 있는 농림직들이 행정직으로 전환되어 관리직에 오르는 사례가 늘어났다.

가족계획요원은 매년 도에서 가족계획 목표량을 주고 연간 실적을 평가하여 그 성적에 따라 도에서 시군 배치를 한다는 것이었다. 농촌인구가 줄어들고 전남 전체의 인구도 감소해 가는데 가족계획을 계속한다는 것은 문제가 있었다. 더욱이 이제 가족계획 대상이 거의 없다는 것이다. 따라서 가족계획 목표량 부여를 없애고 이에 따른 인사배치도 폐지해 달라는 건의가 있어 시정해 주었다.

읍면의 의자, 복사기 등 비품이 낡아 교체해 달라는 요청이 있어 조치해 주었다. 읍면에도 기동력이 필요하기 때문에 반트럭을 1대씩 사서 운행케 함으로써 읍면장의 사기를 높이고 주민 서비스에 도움이 되도록 했다. 도서 면에도 기동력이 필요하다는 건의가 있어 이를 수용했다.

도서 면에는 농촌지도소지소 직원이 한 사람 밖에 없어 현장지도를 나가면서, 찾아오는 민원인에게 어디로 출장 가니 다음에 와달라는 표지를 문앞에 써붙여 놓은 것을 목격하고, 도서면 농촌지도소지소에 농고 출신 1명을 채용하도록 조치해 주었다.

읍면기관장 또는 주민과 만나 어려움을 해결해 주기도 했다. 담양 대전면에서다. 초등학교 교장선생님은 나를 만나 학교 앞을 지나는 도로의 확장계획을 수립하면서 직선도로를 낸다는 이유로 학교 운동장 일부가 도로로 편입되니 시정해 달라는 것이었다. 현장에 가보니 운동장 앞은 밭이었으며 길을 직선으로 확장할 필요도 없었다. 더욱이 학생들이 뛰노는 운동장을 축소한다는 것은 문제였다. 즉시 건설국장에게 지시하여 학교 운동장을 피해서 밭쪽으로 도로를 내도록 조치해 주었다.

이러한 모든 사안들은 현지에 나가서 보지 않았으면 개선되지 못했을 것이다. 현장에서 활동하는 공무원과 주민의 의사가 중간단계에서 차단되거나 변질되어 보고되는 것을 도지사는 알 수 없다. 이를 바로잡기 위해 읍면에 나가서 하위직과 대화하며 의견을 듣고, 현지 기관장 또는 주민과 대면하여 들은 얘기는 도정수행에 큰 도움이 되었다.

(20) 남은 이야기

역대도지사 초청 간담회

1985년 12월 23일 역대 도지사 초청간담회를 가졌다.
요즘은 역대 도지사 간담회가 흔하지만 전라남도로서는 처음 있는 일이었다. 2대 박철수, 3대 이을식, 6대 이기세, 15대 김보현, 16대 김재식, 17대 허련, 18대 고건, 19대 장형태, 20대 김종호 지사님들이 참석하였다.

정부수립 후 나라가 어지러울 때 도지사를 역임하신 선배 지사님들이 참석하시어 참으로 반가웠다. 참석한 지사님들도 근무했던 그 도청에서 간담회를 가지게 되니 기쁘고 서로 만나 감회가 깊은 것 같았다. 언론에서도 처음 있는 일이고 전남도정을 수행한 지사님들의 모임이라 대대적으로 보도했다.

역대 도지사 초청 간담회

22대 전석홍 현지사 20대 김종호 지사님 19대 장형태 지사님 17대 허련 지사님 18대 고건 지사님 6대 이기세 지사님 3대 이을식 지사님 2대 박철수 지사님 15대 김보현 지사님 16대 김재식 지사님

먼저 공적기념패를 드리고 도정 보고를 한 다음 간담회를 가졌다. 나는 "선배지사님들의 건강한 모습을 뵈니 흐뭇합니다. 선배님들이 쌓아놓은 터전 위에서 씨 뿌리는 심정으로 열심히 일하고 있습니다. …… 전남공업화와 문화예술진흥에 힘을 기울이고 있습니다."라고 인사말을 했다.

2대 박철수 지사님은 "우리가 재임하던 때에 비해 현저하게 발전된 전남을 보니 그저 고맙고 감사하게 느낍니다."라고 인사말을 하셨다. 간담회를 마치고 전남의 동부지역인 광양제철로 자리를 옮겨 제철건설 현장을 살펴 본 다음 영빈관에서 일박을 했다.

역대 도지사 광양제철시찰

2차 역대 도지사 초청간담회는 1987년 4월 23일~24일 개최되었다. 2대 박철수, 6대 이기세, 14대 송호림, 15대 김보현, 16대 김재식, 18대 고건, 19대 장형태, 20대 김종호 지사님들이 참석하였다. 도정 보고를 마치고 간담회를 가졌다. 그리고 이번에는 전남의 서부지역 목포로 옮겨 이훈동 회장의 집에 가서 정원을 산책하며 봄의 정취를 만끽했다. 목포 유달장에서 일박을 하고 유달산 조각공원을 관람하였다.

역대 도지사님들을 초청해 모신 것이 흐뭇한 추억으로 남는다. 중학시절의 지사님, 고등학생 웅변대회에 나갔을 때 대회장이었던 지사님, 도청에 처음 부임해 수습을 받을 때 모시던 지사님, 과장 보직을 주고 군수로 보내준 지사님, 전라남도의 역사를 엮으신 도지사님들을 모실 수 있어 보람으로 느꼈다.

미주리주와의 자매결연

미국 미주리주립대학과 전남대학교가 자매결연(1978년 3월 15일)을 맺고 활발한 인적교류를 하고 있었다. 마침 미주리주 측의 제안이 있어 전라남도와 미주리주가 자매결연을 체결하기로 결정하였다.

나는 전라남도를 방문한 미주리주 존 애슈크로프트(JOHN ASHCROFT) 주지사 일행을 맞이하여 1986년 9월 24일 11시 전라남도청에서 미주리주와 전라남도 간 자매결연 협약서에

미주리주와 자매결연 서명

미주리 주지사와 협약서 교환

서명하였다. 협약식에는 미주리주의회 하원의장 바브 크리핀(BOB GRIFFIM), 상원의장 존 스쿠트(JOHN SCOOTT) 등 일행과 전라남도의 이병내 부지사, 강영기 기획관리실장 등 간부들이 자리를 함께 했다.

그때가 마침 아시안게임이 분산 개최된 시기로 광주 신양파크호텔이 아시안게임 관계관 숙소로 미리 결정된 까닭에 부득이 광양제철 영빈관을 숙소로 정하였다. 국립광주박물관을 관람하고 구례 화엄사를 거쳐 광양제철을 시찰하였다. 미주리주 주지사 일행은 다음 날 돌산대교와 여수항을 살펴보고 여수비행장에서 서울로 떠났다.

전라남도의 미주리주 답방은 그 후에 이루어졌다. 우리 일행은 1986년 12월 2일 인구 5만의 제퍼슨시에 있는 주청사를 방문하여 우의를 돈독히 하고 1867년에 지은 도지사공관에 들려, 도지사 사비로 공관을 관리하며 공관의 주인공은 지사 부인이기 때문에 역대지사들의 부인 초상화를 벽에 걸어두었다는 설명을 듣고 감명을 받았다.

미주리주 출신 33대 대통령인 트루만 대통령을 기념하는 트루만도서관에 들려 6.25때 신속하게 파병하여 우리나라를 지켜준 고마움에 경의를 표했다. 미주리주립대학 (조승순 교수와 유학생들 만남), 미국 박물관 중 동양예술품을 가장 많이 소장하고 있는 넬슨예술회관 등을 방문하고 돌아왔다.

금요대화시간을 갖다

주민의 개인적인 어려움을 풀어가는데 주민이 도지사를 직접 만나 호소하기는 쉽지 않다. 그래서 매주 금요일 오후 민원실에서 주민을 만나 어려움을 들어 보고 필요한 조치를 하는 대화시간을 가졌다.

어느 날 광주 가까운 군에 거주하는 두 부인과 대화를 했다. 농촌에서 오랫동안 소유하고 있는 토지를 처분하려고 등기부를 열람해 보니 뜻밖에 1950년대 말경에 도 명의로 저당권이 설정되어 있어 이를 해결하려고 백방으로 노력했으나 관계기관에 관련기록도 보존되어있지 않아 담당공무원이 임의로 말소할 수도 없어 금요대화를 신청했다는 것이다.

나는 즉석에서 관계 공무원과 협의하여 간단한 각서 한 장 받아놓고 저당권을 말소해 주도록 했다.

또 어느 날 금요대화시간에 여천군 도서 고등학교 2학년생이 찾아왔다. 별로 크지는 않았으나 야무지고 똑똑한 학생이란 인상을 주었다. 그는 어머니와 단둘이 사는데 어머니는 정신계통 질환을 앓고 있어 생활보호대상자로 책정되어 생활비 지원을 받아 생계를 유지해 왔다고 했다. 그러나 그가 고등학생인데도 나이가 초과되었다 하여 근로능력이 있는 가족으로 인정해 금년도 생활보호대상자에서 제외되었다는 것이다. 보사부의 지침이 그러하다는 것이다.

나는 학생의 경우에는 경제활동을 할 수 있는 신분이 아니므로 보사부 지침에 의한 연령한도의 적용을 하지 말고 생활보호대상자로 책정하도록 지침을 주면서 전 시군에 시달하도록 하였다.

이러한 사례들은 도지사가 금요대화시간을 갖지 않았더라면 실무선에서 해결할 수 있는 사인이 아니어서 보람있게 느꼈다.

나는 광주시장 재임 시에도 금요대화시간을 가지고 시민들의 어려움을 해결해 주었다.

도민과의 대화

전라남도 도지사 재임 시 박재순 비서실장이 도정 수행을 도왔다. 보성출신으로 광주시장 때 순천시 녹지과장으로 있던 박과장을 광주시 녹지과장으로 발탁했다. 천성이 부지런하고 치밀하며 책임감과 업무 성취욕이 강했다. 광주시장 재직 시에 추진한 '푸른 도시 가꾸기'를 담당하여 성과가 컸다. 박정희 대통령의 충장사 방문 행사 시에는 도시 미화와 무등산 산길 녹화에 진력했다.

도지사로 취임해서 도지사의 이미지는 비서실이 좌우한다는 생각으로 능력 있고 성실한 박재순 실장을 기용해 큰 힘이 되었다. 지시한 내용을 차질 없이 수행하고 비서실 직원들을 올바르게 통솔하면서 방문객들에게 친절히 예우해 칭찬을 받았다.

지리산 피아골 등반 - 박재순과 함께

강진군수, 전라남도 농림국장, 내무국장을 거쳐 기획관리실장을 끝으로 관계를 떠나 정계에 입문해 한나라당 전남도지부 위원장, 전라남도 도지사 후보, 중앙당 최고위원, 제17대 대통령선거 전라남도선거대책 본부장, 농어촌공사 사장을 역임하였다.

09

국가보훈업무를 맡다

국가보훈업무를 맡다

대통령 직선제 헌법 개정 이후 처음 치러진 대통령 선거에서 민주정의당 노태우 후보께서 13대 대통령으로 당선되었다.

새로이 출범하는 제6공화국 이현재 초대 내각 구성 시 나는 국가보훈처장으로 내정되어 1988년 2월 25일 임명장을 받았다. 당시 국가보훈처장은 장관급이었다. 내무부와 전라남도에서 주로 공직생활을 하였기 때문에 생소한 부처였다.

내가 국가보훈처장에 발령이 나자 5.18과 관련한 업무수행을 위하여 전남도지사 출신을 국가보훈처장으로 발령한 것이 아니냐는 추측을 하는 여론이 떠돌았다. 그것은 사실이 아니었다.

당시는 정국이 어려운 때라 국가를 위해 몸을 바친 영령을 기리는 현충일 행사도 실내에서 개최하고 있었다. 나는 실내 개최는 불가하다고 생각해 1988년 6월 6일 현충일 행사는 동작동 국립현충원에서 거행하게 되었다.

당시 국가유공자에 대하여 응분의 예우를 하지 못하고 있었다. 국가유공자에 대한 지원(연금)을 현금이 아니라 현물인 쌀로 지급하고 있었고 지원액도 불충분했다.
나는 이를 개선하는데 힘을 기울였다. 현물인 쌀지급을 현금 지급으로 바꾸고 지원예산도 늘렸다.

당시 광주 5.18에 대하여 어떻게 성격 지을 것인가에 대한 논의가 있었다. 노태우 대통령 당선 직후 1988년 1월 11일 구성한 민주화합추진위원회(약칭 民和委)에서 광주 5.18을 '민주화운동의 일환'으로 규정해 정부에 건의한 뒤였다.

정부에서 광주 5.18의 성격을 규정 짓는 일은 이현재 총리의 지시에 따라 정한모 문화공보부장관과 현홍주 법제처장, 전석홍 국가보훈처장, 셋이서 협의하도록 했다. 나는 민화위 건의대로 '민주화운동'으로 규정하도록 주장하였다. 이 협의에서 광주 5.18민주화운동으로 의견 일치를 보았다. 이러한 과정을 거쳐 금후 공식적으로 광주 5.18민주화운동으로 호칭하게 되었다.

10

정치에 입문하다

정치에 입문하다

(1) 전라남도 도지사로 입후보하다

　1995년 6월 27일 광역자치단체와 기초자치단체의 장 선거를 최초로 동시에 실시하게 되었다. 당시 나는 정부에서 떠나 민주자유당의 국책자문위원으로 활동하고 있었다. 나는 이미 도지사를 역임했기 때문에 민선도지사 선거에 입후보할 생각을 갖지 않았다.

　도지사후보를 물색 중이던 정시채 전남도지부 위원장이 만나자고 했다. 도지사 입후보를 부탁했다. 나는 입후보 않겠다는 생각이었으나 지역구 국회의원 출마(영암, 광주) 권유를 즉석에서 거절하여 힐난을 받은 경험이 있어, 생각해 보자고 말했다.
　다음 날 김덕룡 사무총장이 만나자고 연락이 왔다. 장충동 타워호텔 다방에서 만났다. 전남도지사 입후보 부탁을 했다. 나는 2, 3일 생각할 시간을 달라고 했다. 그날 밤 9시 뉴스시간에 집에서 KBS뉴스를 시청하고 있었다. 광주에서 친지들로부터 전화가 빗발쳤다. 민주자유당 전남도지사 후보로 확정되었다고 방송에 나오는데 정말이냐는 것이다. 깜짝 놀라 어디서 들었느냐 물었더니 금방 MBC뉴스에 방송되었다는 것이다. 중앙당에서 그냥 발표해 버린 것이다. 나는 정치의 생리를 알 리 없었다. 민주자유당 전남도지사 후보로 입후보한다면 낙선할 것이 빤하기 때문에 입후보하지 말라는 친지들의 나를 아끼는 마음의 발로였다.

보슬비 내리는 다음 날, 도지사 입후보를 하지 않겠다는 말씀을 드리고자 중앙당 당사로 가 이춘구 대표를 뵈었다. 내무부 차관보로 있을 때 차관으로 모셨기 때문에 누구보다도 나를 잘 알고 좋은 말씀을 해주실 것으로 생각했다.

내가 이춘구 대표실에 들어서자 대뜸 그렇지 않아도 부르려 했다고 말씀하시면서 반겨주었다. 나는 "도지사에 입후보하면 민주당의 안방인 전남에서 낙선할 것이 확실한데 도지사를 지낸 사람이 다시 하겠다고 입후보해야 되겠습니까?"라고 말씀드렸다.

이춘구 대표께서는 '이제 당의 변두리에 있지 말고 중심으로 들어오라' 하시고 설령 낙선하더라도 전석홍이 부족해서 떨어졌다고 할 사람은 아무도 없을 것이라면서 무조건 나오라는 것이었다. 혹을 떼러 갔다가 붙이는 셈이 되었다. 나는 '나오라'는 말씀만 듣고 물러났다.

노태우 정부 초대 내각의 국무총리를 역임하신 이현재 총리에게 자문을 받아야 하겠다는 생각을 가지고 처남되는 조경국 교수(서울대 공과대학)와 함께 정신문화연구원(당시 원장으로 계셨음)을 방문했다. 그간의 과정을 상세히 말씀 드렸더니 이현재 총리께서는 '당에서 그렇게 요청한다면 낙선한다 하더라도 입후보하는 것이 좋겠다'는 말씀을 주셨다.

  나는 마음을 정하지 못했다. 그날 밤 집에서 잠자리에 누워 고심하다가 밤중에 일어나 집사람을 깨워 입후보하지 않겠다고 말했다. 집사람은 단호했다. 당에서 필요해 그 정도로 간절히 입후보하라 하면 낙선하더라도 입후보하는 것이 도리라는 것이었다. 그래서 나는 입후보하기로 결심을 하게 되었다. 광주에서는 최재율 전남대학교 교수를 재외하고 아무도 입후보에 찬성하는 친지가 없었다. 지역 정치 지형이 그러하니 당연한 일이었다.

  전라남도지사 후보 임명장은 당 총재이신 김영삼 대통령으로부터 수여되었다. 선거대책위원장으로는 함께 공무원 생활을 한 박관주 시장이 맡아 주었고 업무를 총괄하는 사무장은 전승렬 선생님이 담당해 주셨다. 선거사무실은 광주 시내 계림동에 두었다.

  민주자유당 전라남도지사 추천대회는 1995년 5월 9일 순천 팔마실내체육관에서 거행되었다. 중앙당에서 이춘구 대표께서 임석하시어 격려해 주셨다. 나는 수락연설에서 "우리 전남은 지난 10여년 사이에 국가의 중심권에서 멀어져 왔습니다. 우리 지역에는 중심권에서 멀어지게 하면서 가까워지게 하는 양 오도하는 세력이 있는가 하면, 중심권에서 멀어지면서도 이를 느끼지 못하고 있는 계층이 있습니다. 따라서 더 이상 우리의 진로를 오도하지 않도록 실제를 인식하며 참여와 협조와 건전한 비판을 통해 중심권에 접근시키는 일은 여기 계신 당원 동지 여러분과 저의 몫입니다. …선거란 가능성에 대한 도전입니다. 그 결과는 빈칸으로 남아 있습니다. …여건이 좋은 사람은 적은 노력으로 괄호안을 가능성으로 채울 수도 있겠지만 그러하지 못한 사람은 몇 배의 지혜와 땀을 쏟아야 합니다. 우리 모두 빈칸을 가능성으로 채우기 위하여 후회없이 뛰고 최선의 노력을 다 합시다." 라고 꽉 찬 참석자들에게 열변을 토하면서 뭉클한 감동을 느꼈다. 지역에서의 반응이 좋았다. 그리고 선거 운동이 시작되었다. 민주당 후보는 허경만 의원이었다.

유세는 연설에 능한 장희정 웅변가와 함께 하였다. 유세장에 사람이 몇 사람 있건 내가 하고 싶은 생각을 피력했다. 이곳저곳 전남 일대를 돌아다니려니 길에다 너무 많은 시간을 낭비하는 것 같은 느낌이었다. 전라남도의 권역이 참으로 광활하다는 것을 일깨워 주었다. 인구가 밀잡되어 있는 도시권을 선거구로 가진 후보가 부럽다는 생각이 들었다. 도서는 압해도 외에는 가지 못했다. 압해도 유세도 목포역광장 유세 시 틈을 내어 잠깐 들렸을 뿐이다.

유세가 끝나면 나는 기자들을 빼돌리고 내가 알고 있는 종교, 복지시설이나 만나야 할 분들을 은밀히 만나기 위해 쏜살같이 차를 몰았다. 어느 기자는 나에게 '왜 그렇게 열심히 선거운동을 하느냐'고 물었다. 선거이니 한 표라도 더 얻기 위해 부지런히 뛰는 것은 당연한 일인데도 말이다. 낙선할 것이 분명하니 쉬엄쉬엄 뛰라는 말로 들렸다. 장관 출신 한 선배는 '아무래도 당선 가능성이 희박하니 2, 3일 도갑사에 들어가 생각해 보라'는 권유까지 있었다.

TV토론은 압도적으로 나의 우세였다. 여론도 좋았다. 그러나 투표날짜가 가까워질수록 내 표가 빠져나가는 것이었다. 하나의 흐름이었다. 나를 지지하는 친지들은 빨리 투표해 버리는 것이 좋겠다고 안타까움을 표출하기도 했다.

모두 열심히 뛰었으나 득표율 26.5%로 민주당 허경만 후보에게 낙선했다. 고향인 영암군에서만 55.6%로 이기고 나머지 시군에서는 패배했다. 열심히 뛰었기 때문에 후회는 없었다. 크나큰 터널을 빠져나온 것 같은 느낌이었다.

(2) 전국구국회의원으로 가라

대통령비서실로 부터 연락을 받았다. 1996년 1월 24일 대통령과 오찬 시간이 잡혔으니 청와대로 들어와 달라는 것이었다.

그날 청와대에 가서 오찬 시간에 김영삼 대통령을 뵈었다.

오찬은 국수였다. 도지사 후보시절 여수에서 있은 해양의 날 행사에서 대통령을 뵈었으나 직접 마주 앉아 말씀을 나눌 시간을 갖는 것은 처음 있는 일이었다.

만나 뵙자마자 전년 12월에 있었던 개각 시 광주전남 출신 입각자에 대한 말씀을 해 주시었다. 그런 다음 대뜸 나에게 전국구국회의원으로 들어가라고 말씀을 하시면서 미리 준비를 하라는 것이었다. 이 내용을 기자들에게 알려도 좋다고 하시었다. 그러나 이 내용을 기자들에게 뿐 아니라 누구에게도 알릴 수 있는 사항이 아니었다. 나는 정시채 전남도지부 위원장에게만 귀띔해 주었다.

1996년 4월 11일에 15대 국회의원선거가 있었다. 3월에 국회의원 후보 공천이 있었고 선거운동이 가까워지자, 강삼재 사무총장께서 전남 국회의원 선거 시 나를 활용하라고 했다는 전언이 정시채 전남도지부 위원장으로부터 있었다. 나는 미리 광주에 내려가 체재하면서 선거운동에 임했다.

그러던 중 전국구국회의원 입후보 신청 서류를 제출하라는 통보를 받고 서류를 준비해 이정선을 보내 제출했다. 전국구후보 11번으로 발표되는 것을 광주에서 TV를 통해 알았다.

지역구 선거에서 전라남도 각지를 다니면서 열심히 유세를 하였다. 그러나 지역에 불어닥친 거센 바람으로 인하여 여당 후보 전원이 낙선의 고배를 마셔야 했다. 결국 광주전남에서는

내무위원회 정책 질의

비례대표인 나 혼자만 국회에 진출하게 되었다. 책임이 막중했다.

(3) 전남도지부 위원장을 맡다

15대 국회의원이 된 이듬해 1997년 1월 강삼재 사무총장께서는 전라남도도지부 위원장과 장흥영암지구당 위원장을 맡으라는 것이었다.

도지부 위원장직은 맡되 지구당 위원장직은 내심 맡고 싶지 않았다. 지역구 국회의원 선거에 입후보할 생각이 없었기 때문이다. 강삼재 사무총장께서 장흥영암지역구를 내가 맡을 수 있도록 미리 기초작업을 해 놓았다. 당에서 요청한대로 따랐다.

도지부 위원장으로 있으면서 지구당 위원장이 공석일 때 적당한 인물을 선정하는 일이 가장 힘들었다. 아무런 혜택도 없이 지역 정서와 다른 정당의 지역구 위원장이 되어 지역 관리를 하고 당선 가능성이 없는 국회의원으로 입후보한다는 것은 쉬운 일이 아니었다. 따라서 유력인사들이 지구당 위원장을 맡으려 하지 않았다.

도지부 위원장은 1997년 1월부터 2004년 3월까지 맡았다. 대통령선거를 두 번 치르고 국회위원 선거는 한 번 치렀다. 나는 지구당 위원장으로 있으면서 지역구의원으로 입후보하지 않았다. 16대 국회의원 선거 후보등록 시 사무총장으로부터 연락이 왔다. 지역구의원 후보자로 다른 사람을 선정해 올리라는 것이었다. 그래서 전갑홍 전 군의원을 후보로 추천했다. 공천파동이 일어나 전국구의원을 줄 것이라는 기대는 물거품이 되고 말았다.

나는 16대 국회의원 선거가 끝나고 정계를 떠날 생각을 가졌다. 제15대 대통령 선거에 이회창 후보가 낙선하고 나의 국회의원 임기가 끝났으며 지역구에 입후보할 의사가 없었으므로 이제 쓰고 싶은 글(시)을 쓰고 싶어서였다. 그러나 당 사무총장께서 계속 전남도지부 위원장직을 맡아 달라고 해 정계 은퇴를 미루어야 했다.

나는 중앙당 국책자문위원장직(2001년 5월~2003년 8월)을 담당했다. 정부에서 물러난 뒤 국책자문위원으로 있었던 경험을 살려 조직강화에 힘을 기울였다. 고위공직자, 군장성, 각계 전문가 등을 영입하여 154명의 위원을 350명으로 확대하고 분과위원회의 활동을 활발히 전개하도록 뒷받침했다.

2002년의 16대 대통령선거에서 이회창 후보께서 당선될 것이라는 분위기였다. 나는 선거기획단의 일원으로 들어가 사회단체를 맡아 기본계획을 수립한 다음 담당 분과위원장에게 넘기고, 국책자문위원회의 선거대책도 마련하여 총무에게 맡긴 다음 지역에 내려가 선거운동을 했다.

그런데 당연히 당선되리라 믿고 있던 이회창 후보께서 뜻밖의 낙선을 하였다.

나는 정계를 떠날 결심을 하고 김형철 전남도지부 사무처장에게만 연락해 두었다. 그리고 2004년 국회의원 선거 전국구 후보자 공천 결정이 끝난 3월 27일 도지부에 내려가 탈당계를 냈다. 중앙당당직자와 상의하면 만류해 정계를 떠날 수 없기 때문에 아무와도 상의하지 않았다. 도지부 청년위원들이 오찬을 함께 하면서 탈당을 극력 만류했으나 나는 그들을 설득해 탈당계를 냈다. 도지부 사무처장에게 3월 29일에 중앙당에 탈당계를 올려 달라 부탁했다.

(4) 의원님, 거짓말 좀 하십시요

나는 15대 국회의원이 되었다. 정부에 있을 때는 입법이나 국회의원의 질의에 답변하기 위하여 본회의와 상임위원회에 출입을 하였으나 이제 정부를 상대로 질의를 할 수 있는 위치에 선 것이다.

나는 내무위원회와 예결위원회에서 15대 국회 의정활동을 하였다. 광주전남출신 국회의원은 나 혼자 뿐이라 우리 당 광주전남 출입기자들에게는 내 방이 출입기자실과 같았다.

하루는 광주 유력 일간지 중진 기자가 나에게 찾아와 "의원님, 거짓말 좀 하십시요." 라고 하는 것이었다. 국회의원은 거짓말을 해야 하는 사람으로 보고 있는 것인가 하고 의아해 했다. 나는 '정직과 신의, 성실'을 좌우명으로 삼아 살고 있으며 국회의원이 되었다고 내 본성을 버릴 수 없으며 오히려 국회의원은 '정직과 믿음'으로 국민의 '신뢰'를 받아야 한다는 것이 내 소신이라고 말해 주었다.

국회 본회의 질의

(5) 대불공단 철도인입선사업과 무안국제공항

나는 예결위원을 하면서 우리당 호남지역 예산책정사업의 현지조사 책임자가 되어 사전에 현지를 답사하고 사업 우선순위를 당 정책위원회 의장과 협의하여 예산에 반영하였다.

15대 국회 첫해 전라남도에서 책정되어야 할 중요 사업 우선순위는 1위가 대불공단 철도인입선사업, 2위가 무안국제공항 건설이었다. 나는 현지 조사 위원들과 더불어 전남 동부지역 여수공단을 거쳐 원래 중앙 계획에 없던 전남 서부지역 무안국제공항 예정지와 대불공단 철도인입선사업 현지를 살펴보았다.

그리고 보고서에 꼭 책정되어야 할 사업으로 1위 대불공단 철도인입선사업, 2위 무안국제공항 건설을 올렸다. 당시 정책위원회 의장은 이상득 의원이었고 제2조정위원장(예산담당)은 이강두 의원이었다. 정책위 의장실에서 이상득 의장과 이강두 위원장과 함께 사업책정을 상의한 자리에서, 정책위 의장은 대불공단 철도인입선사업에 대해 '전국구의원이 무엇 때문에 지역사업에 그렇게 열심이냐'고 말해 "제가 지역구를 맡게 되면 대불공단은 제 선거구가 됩니다." 라고 대답했다. 당시는 지역구 위원장직을 맡고 있지 않을 때였다. 그 자리에서 이 사업은 책정하기로 결정했다. 무안국제공항 건설은 국회에서 야당과 협의해서 추진하기로 했다. 이런 과정을 거쳐 중요 두 사업이 예산에 반영되어 추진할 수 있게 되었다.

마침 예결위원회에서 여당인 우리 당 첫번째 질의자로 나를 정했다. 당시 정부 중요 과제로 되어있던 인천국제공항 건설, 경부고속철도 건설, 항만개발 등 사회간접자본시설에 대해 질의를 통해 중요성을 강조해 달라는 것이었다.

나는 동남아의 중심공항 기능을 선점하기 위해 인천신공항 건설의 시급성을 강조하면서 정부에서 수립한 전국 7개권역 거점공항 중 유일하게 착공도 안된 호남권의 거점공항인 무안신공항의 조사설계비 계상을 요구하였다.

이미 수송능력이 한계에 도달한 물류애로를 해소하기 위하여 시공증인 경부고속철도 건설은 '안전성'에 역점을 두고 철저한 현지조사에 의해 견실한 공사 추진을 하도록 강조하였다. 아울러 호남고속철도와 동서고속철도사업의 착실한 사전준비와 호남선복선화, 전라선개량화사업 등도 차질 없이 시공되어야 한다고 역설했다.

동남아 물류중심 국가로 부상하기 위해 세계 컨테이너 주항로에 인접한 남해안의 부산항과 광양항을 축으로 하여 TWO PORT SYSTEM 즉 양항체제가 되도록 개발하여야 하며 항만시설투자를 늘리도록 요청하였다.

(6) 입법 관련 사항

5.18특별법의 개정

최초의 광주 5.18특별법에 의한 행불자 신고기간이 한시법으로 되어있었다. 신고기간이 지나 한시법의 개정이 필요했다. 내가 전남출신이라 여당 소속인 나에게 민주당 의원들이 한시법의 개정을 부탁했다. 나는 당 정책위와 협의하여 신고기간 연장을 할 수 있도록 법개정을 추진하였다.

국회 내무위원회에 소위원회를 구성하여 여야가 협의하여 법개정 작업이 이루어졌다. 나는 소위원회 위원으로서 5.18민주화운동을 가장 잘 알고 있기 때문에 주도적으로 역할을 하였다.

해양수산부 명칭

김영삼 대통령 때 교통부 산하 해운항만청과 농림부 산하인 수산청, 그리고 해양경찰업무를 통합하여 하나의 독립된 부처를 만드는 작업이 진행되었다. 정부 제출안은 해양부였다. 삼면이 바다인 우리나라의 수산업무가 부처 명칭에서 누락된 것이다.

남해안과 서해안을 끼고 도서가 많아 수산업무의 비중이 높은 전라남도에서는 해양수산부로 명명하기를 강렬히 요청하였다. 그래서 나는 제주 출신인 양정규 의원과 상의하여 해양부를 해양수산부로 명칭을 변경하는 수정안을 본회의에 제출하였다. 그리하여 본회의에서 해양수산부 수정안이 채택 의결되었다.

11

시인의 길로

시인의 길로

(1) 정계 은퇴를 하고

나는 시인이 되어 시를 쓰고 싶었다. 그래서 정계에 입문하여 의정활동을 하면서 여러 당직을 맡고 있었으나 2004년 3월 29일자로 탈당계를 제출했다.

4월 2일 박근혜 대표로부터 전화가 걸려왔다. 이날 탈당계 보고를 받으신 것 같았다. "왜 탈당계를 냈어요?" 말씀 하셔 "당에 기여하지 못할 것 같아 탈당계를 냈습니다." 라고 말씀 드렸다. 그랬더니 "계속 도와주세요." 하시어 "그렇게 하겠습니다." 라고 답변 드렸다. 드디어 정계를 은퇴해 자유의 몸이 된 것이다.

그 동안 시상(詩想)이 떠오를 때마다 써 놓은 시가 60편 가까이 되었다. 시단에 입문하기 위해 황하택 이사장에게 전화를 하였더니 "시를 쓰려면 교보문고에 가서 '시창작법'을 사서 보세요." 라고 하는 것이었다. 내가 시를 쓴다는 것을 집사람 외에는 아는 사람이 없기 때문에 황하택 시인의 말은 무리가 아니었다.

결혼 후 집사람에게 내가 시를 쓴다고 말했더니 "메마른 가슴에서 무슨 시가 나오겠어요." 하고 믿어주지 않아 부득이 시 「소」를 써서 보이고서야 인정을 받은 바 있다.

나는 황 시인에게 "남모르게 시를 썼습니다." 라고 말했더니 시 15편을 보내 달라고 했다. 시를 보낸 뒤 얼마 되지 않아 「울릉의 바다」외 4편을《현대문예》3, 4월호 신인상으로 선정하였다. 시인으로 처음 등단하게 된 것이다.

그리고 황하택 시인은 내가 가지고 있는 시를 모두 보내 달라고 해 보내 주었더니 중앙과 지방 문학지에 투고를 하여 여러 문학지에 게재되었다. 이러한 과정 중에 중앙의 문인들을 알게 되었고 문단 관련 정보도 들을 수 있었다.

그 동안 써 놓은 시를 한 권의 시집으로 묶어내고 싶었다. 《동방문학》의 이시환 시인이 이 일을 도와주고 있었다. 이시환 시인은《시와시학》김재홍 교수께 연락이 되었으니 시 10편을 가지고 만나 상의해 보라는 것이었다. 김재홍 교수를 만나게 된 것은 2004년 10월 19일 오후 혜화동 로터리 엘빈다방에서 이다. 김재홍 교수와의 대화는 순조로웠다. 내가 서울대학교 문리과대학 출신이라는 점과 김 교수의 은사인 정한모 장관과 '육초회'(제6공화국 초대 내각 모임) 멤버라는 점에서 구면같이 가까워졌다. 여러 가지 담소 뒤 시를 보자고 해서 내놓았더니 두 편에 동그라미를 치면서 그날 시공부 모임이 있으니 참석해서 내놓아 보라는 것이었다. 시집 발간에 대해서는 한마디도 꺼내지 못했다.

시공부 모임에는 8, 9명의 남녀 시인들이 모여 있었다. 시인들과 인사를 나눈 뒤, 김 교수의 시 강의가 있었다. 처음 듣는 유창한 시 강의는 나의 마음을 끌었다. 그런 다음 각자 가져온 시 한 편씩 내놓고 시평을 듣는 것이었다. 나는 김 교수의 지시대로 두 편을 내놓았다. 내놓은 시를 읽어보게 한 다음 '읽힐만한 시'가 어느 시이며 그 이유가 무엇인지 물었다. 내 시에 대해 두 시인이 호감을 보였다. 나는 모든 시가 다 좋다고 말했다. 이런 과정을 거친 다음 김 교수께서는 시 한 편 한 편에 대해 일일이 평을 해주시면서 즉시 수정해 주고 그 이유를 설명했다.

시공부 모임이 끝난 뒤 김 교수는 나에게 마음에 들면 계속 참석하는 것이 좋겠다고 했다. 그렇지 않아도 폭 넓은 시 강의와 꼼꼼한 시평에 매료되어 계속 다니면서 제대로 시 공부를 해야 하겠다는 생각을 가졌다. 그래서 매주 시공부 모임에 다니게 된 것이다.

김재홍 교수와 함께 (강진 신기 전통 된장 만드는 집)

　김 교수의 시 강의를 들으면서 시 쓰기를 익히고 문학계의 흐름과 시사(詩史)를 엮어온 발자취, 현재 활동 중인 주요 시인들의 동향을 폭넓게 살필 수 있었다. 또한 문학 행사에 참석하면서 많은 시인들을 대면할 수 있었다. 김남조 선생님을 비롯한 원로시인과 중진시인들을 만날 수 있어 크나큰 수확이었다. 그리고 김남조 선생님의 추천으로, 시「내 마음의 부싯돌」외 4편이 선정되어 《시와시학》 2006년 가을호에 다시 등단하게 되었다.

산사 현대시100년사 개관식 - 가운데 김남조 원로시인

《시와시학》에서는 2003년부터 2005년까지 강진군의 지원 없이 매년 조촐하게 영랑시문학상을 수여하고 있었다. 나는 2004년(2회), 2005년(3회)행사에 참석하였다. 같은 시기 시문학파로 활동한 정지용 시인의 지용문학상은 옥천군에서 대대적으로 문학제를 개최하면서 성대하게 시상하고 있는 것과는 대조적이었다. 그래서 황주홍 강진군수에게 연락하여 김재홍 교수, 나와 셋이서 서울 63빌딩에서 만나, 모란꽃이 피는 4월에 강진군 주최로 영랑문학제를 개최하여 영랑시문학상을 수여하기로 합의하고, 2006년 4회 영랑시문학상부터 성대히 시상하고 있다.

나는 영랑생가 인근에 건립하게 된 한국시문학파기념관 건립 추진위원회에 위원(2009년 2월 9일 위원 위촉)으로 참여하여 의견 개진을 하였다.

김재홍 교수로부터 '시와시학시인회' 창립 요청이 있었다. 나는 '시와시학시인회'를 구성하여 초대 회장으로 선임되어, 회지 창간호 『변방의 북소리』(2008년 12월 22일)를 발간하였고, 지금도 매년 동인시집을 출간하고 있다.

김재홍 교수께서는 나에게 〈농기구열전〉연작시를 쓰도록 권했다. 「도리깨질」, 「맷돌」 시를 써서 시공부 모임에 내놓았을 때 이를 평가하면서 농기구가 점차 사라져 가는데 농기구에 대한 시를 쓸 사람이 없으니 농촌출신이므로 연작시를 써서 남기는 것이 좋겠다고 하시면서 〈농기구열전〉이라는 연작시 제목까지 지어 주었다. 그러면서 가지고 있던 『한국농기구고(韓國農器具攷)』(1986. 金光彦)를 건네주었다. 나는 바로 교보문고에 가서 『한국의 농기구』(2001. 박호식 안승모)를 구입했다. 그리고 일상생활에서 가장 가까운 「호미」, 「낫」, 「지게」부터 시작해 28편의 시를 써서 발표했다. 다시 「망태」, 「바구니」, 「독」 등 32편의 시를 써서 발표했다. 그리고 「곡괭이」, 「뙈기(태)」 등 10편의 시를 추가로 써서 70편의 연작시를 완성했다. 이 연작시 『농기구열전』은 광주광역시문화예술상 정소파문학상 본상 시상금으로 2022년 《서정시학》에서 단행본으로 발행했다.

첫 시집을 발간한 것은 2004년 12월로 『담쟁이 넝쿨의 노래』이다. 공직생활을 하면서 시상이 떠오를 때마다 틈틈이 써놓은 시를 시집으로 엮은 것이다. 시적 상관물에 대한 나의 순수한 마음을 그대로 표현한 작품들이다.

첫 시집을 낸 뒤 김완기 전 청와대 인사수석비서관과 이만의 전 환경부장관을 만나 담소를 나눌 기회가 있었다. 김완기 전 수석은 나에게 "시집 내셨다면서요?"라고 물었다. 나는 고개를 끄덕였다. 그 순간 "사모님께서 써주셨습니까? 일밖에 모르셨는데…."라는 이만의 전 장관의 말바람이 내 귓전을 울렸다. 나는 그냥 웃었다. 공직에 있으면서 일밖에 모른 내가 시를 썼으리라고는 상상도 못한 것이다.

2006년에 《시와시학》에 다시 등단한 뒤 『자운영 논둑길을 걸으며』(2006년), 『내 이름과 수작을 걸다』(2009년), 『시간 고속열차를 타고』(2012년), 『괜찮다 괜찮아』(2016년), 『원점에서서』(2018년), 『상수리나무 교실』(2020년), 시선집 『내 마음의 부싯돌』(2021년), 『농기구열전』(2022년), 『한 그루 나무를 키우기 위해』(2023년)를 발간하였다.

『담쟁이 넝쿨의 노래』에 실린 「배롱나무」 시비가 고향마을에 2015년에 세워지고 『괜찮다 괜찮다』에 수록된 「독천장 가는 길」 시비가 2016년 영암읍 기찬랜드에 건립되었다.

'배롱나무' 시비

'독천장 가는 길' 시비

시작 활동을 하면서 한국크리스천문학상(2007년), 영랑시문학상 특별상(2013년), 현대문예문학상(2018년), 농민문화상(2021년), 광주광역시문화예술상 정소파문학상 본상(2021년)을 수상하였다.

(2) 나의 사상과 시 그리고 시간

나의 시는 내 사상을 서정적으로 형상화한 운율의 글이다. 내가 바라보는 세계관이 시의 밑바탕에 흐른다.

어렸을 적 밤하늘을 아름답게만 보아온 나는 성장하면서 무한대한 우주의 정연한 질서에 신비감과 경외심을 갖게 되었다. 그 배후에는 필시 이를 관장하는 창조주(신, 하느님, 조물주)가 있어 보이지 않는 손길이 미치고 있을 것이라는 생각을 하고 있다. 〈우주관(宇宙觀)〉

자연은 춘하추동 계절 따라 변화하면서 저마다 지니고 있는 가지각색의 색깔을 내보인다. 이러한 자연현상을 관찰할 때마다 모든 생명체에는 혼(魂) 또는 신성(神性)이 깃들어 있을 것이라는 상념으로 범신론(汎神論)에 젖어든다. 〈자연관(自然觀)〉

나는 한때 나의 존재에 대해 회의(懷疑)의 늪에 빠진 적이 있다. 광활한 우주 속에서 '나는 무엇인가?', '나의 존재 이유는 무엇인가?'에 대해 고뇌한 것이다.

  나는 찰나의 존재에 지나지 않지만 나 자체로서는 절대적 존재이다. 내 의지에 의해서가 아니라 타의에 의해 주어진 생명체이지만, 기왕 주어진 개체이므로 살아가는 것이 순리이며, 한 생의 주체가 되어 의미 있는 삶의 길을 모색해 나아가야 할 책무가 주어져 있다는 판단에 이르렀다. 그래서 나는 존재한다. 〈자아관(自我觀)〉

  인간의 능력에는 한계가 있다. 자유의지로 할 수 있는 영역은 제한적이다. 따라서 절대자(絶對者)에게 의지하고자 하는 심상이 유한한 인간의 속성이라 할 수 있다. 그래서 비나리, 기도, 기원을 통해 마음의 안정을 찾고, 소망하는 일이 이루어지도록 보이지 않는 구원의 손길이 펼쳐지기를 바란다. 아울러 '사랑'과 '자비'의 따스한 마음의 실천을 이웃에게 베푼다. 이를 적선(積善)이라 여기며 적선은 자신에게 돌아온다는 믿음을 갖는다. 사회구성원 모두가 '사랑', '자비'의 실행을 일상화한다면 지상의 평화(낙원)도 이루어질 수 있을 것이다. 〈신앙관(信仰觀)〉

  모든 존재는 시간을 벗어날 날개가 없다. 사람은 시간적 존재이며 시간의 궤도를 달리고 있다. 시간은 결코 나를 위해 멈추어 주지 않는다. 이 시간을 의미 있는 '나의 시간'으로 만드는 것은 각자의 몫이다. 따라서 가치 있는 삶을 위하여 힘을 기울

여야 한다. 〈시간관(時間觀)〉

　나는 특히 시간을 중시한다. 그래서 나의 시에는 '시간의 시(詩)'가 많은 편이다.
　사람은 누구나 시간 궤도를 타고 삶을 영위한다. 모든 사람에게 공정하게 주어진 이 시간을 알차게 채우는 일은 오로지 자신만의 역할에 달려 있다.

　"시간은 누구에게나 똑같이 왔다가 / 기다림 없이 지나가 버리는 것 / 무명의 이 시간을 네 것으로 만드는 것은 오직 너 뿐 / <u>'걷는 자만이 앞으로 나아간다'</u> 가훈 이어 받아 / 분초를 하늘의 무게로 알고 / 너만의 힘으로 네 꼬리표를 붙여야 하리 // …정직 성실 신의의 표지를 꽝꽝 못 박아 / 간이역에서 내릴 때 한 점 부끄럼이 없어야 하리"
　-「시간 고속열차를 타고」부분.

　시간에는 초(秒), 분(分), 시(時)의 단위가 있다. 나는 '초'를 가장 중요하게 생각한다. 시계의 '초침(秒針)'이 하루를 움직이고, 지구를 움직이며, 나를 움직인다. 1초를 가벼이 여겨서는 안 된다.

　"초속 궤도에 태워 / 나를 끌고 가는 것은 / 초침입니다 // …나는 초침 따라 순간순간 / 깨우치며 / 버리면서 / 미지의 간이역을 향해 고동쳐 갑니다"
-「초침(秒針)」부분.

초침을 중시하는 것과 같이 '지금'을 중요하게 생각한다. 내가 있는 것은 '지금'이다. '조금 전'은 이미 지나갔고 '지금 이후'의 일은 아무도 모른다. 그러므로 '지금'을 중시하고 최선을 다해야 한다.

"나에게 주어진 시간은 / 지금이라네 // …있는 땀방울 다 쏟아 / 지금을 / 알차게 채우는 것이 / 참삶의 길이라네"
-「지금」부분.

나의 사상에서 나오는 시들은 나의 이력이고 자서전이다.

12

마지막
봉사의 길

마지막 봉사의 길

마지막 직함
- 왕인박사현창협회 회장

나는 월출산과 마주보고 있는 은적산 자락에서 성장했다. 월출산 주지봉 아래 자리한 왕인박사유적지와는 학파간척지가 옥토화되어 지척지간이다. 어렸을 때 구림의 벚꽃가로수길을 지나 도갑사로 소풍을 다녔기 때문에 이곳은 익숙한 지역이다.

중학2학년 때 동양사 시간에 장희경 선생님으로부터 일본에 학문을 전수한 왕인박사가 영암 구림출신이라는 설명을 듣고 뿌듯한 긍지를 느끼며 마음속에 깊이 새겼다.

대학생 시절 선배들이 조직한 낭주계(朗州契)에 입회하여 일 년에 한번씩 모임을 가졌다. 최재율 교수, 이환의 고문, 박광순 교수도 계원이었다. 모두 왕인박사와 왕인박사유적지정비에 깊은 관심을 가지고 있었다.

구림출신 최재율 교수는 1953년 발간된 『詩의 마을 鳩林』第

1輯을 편집하면서 「鳩林의 史蹟」란에 '구림과 왕인박사'라는 표제로 왕인박사가 구림출신임을 기록하였다. 최 교수는 왕인박사현창협회 이사로 참여하여 많은 역할을 하였다.

이환의 고문은 왕인박사현창협회 고문으로 있으면서 왕인박사유적지정비 시에 왕인묘(王仁廟 사당)와 백제문(百濟門 외삼문) 학이문(學而門 내삼문)의 명칭을 결정하는데 기여하였다.

박광순 교수는 왕인박사현창협회 이사로 역할하면서 왕인박사 연구작업에 참여하여 실적을 쌓았고 왕인문화연구소 소장을 담당하여 여러 학자들을 참여시켜 왕인박사 연구업무를 활성화하고 『왕인의 뱃길 연구』, 『왕인박사 연구(王仁博士 研究)』 등 많은 책자를 간행하였다.

나는 전라남도 도지사로 재직할 때 왕인박사유적지정화계획을 수립하여 왕인박사현창협회(회장 민준식), 영암군(군수 김옥현)과 함께 유적지정비를 추진하였다.

제4대 박찬우 회장의 서거로 왕인박사현창협회 회장이 공석이 되었다. 왕인박사현창협회(전무이사 최무호, 이사 최기욱)로부터 전화가 걸려왔다. 왕인박사현창협회 회장을 맡아달라는 요청이었다. 나는 왕인박사에 대해 관심이 많고 고향에 마지막 봉사하는 길이라는 생각으로 응낙하였다.

왕인박사현창협회는 2006년 12월 11일 임시총회를 개최하여 제5대 회장에 나를 선임하였다. 나는 회장으로 취임하면서 장차 누가 왕인박사현창협회 회장을 맡든지 왕인박사현창협회가 건전하게 역할을 다 할 수 있도록 기반을 튼튼히 하고, 왕인박사현창협회의 역할을 정립하는 일을 책무로 삼았다.

튼튼한 조직기반의 조성과 활성화

왕인박사현창협회의 조직기반을 강화하고 활성화하기 위하여 정관을 개정하여 이사의 정원을 15인 이내로 확대하고 이사는 역할 중심으로 선임하도록 했다. 이사 중에서 총무이사, 재무이사, 업무이사를 두어 전무이사를 보좌하여 업무의 효율적인 추진이 가능하도록 하였다. 군, 사업소와 업무 연결이 이루어질 수 있도록 사업소 소장을 당연직 이사로 정하였다. 아울러 회의를 주기적으로 개최하여 추진 업무를 점검하고 할 일을 협의하는 체제를 갖추었다.

왕인박사유적지 내에 사무소가 있어야 협회의 센터(중심지) 기능을 하고 이사회를 비롯한 여러 회의를 개최할 수 있으며 회원들이 가볍게 발걸음을 할 수 있다.

왕인박사현창협회는 창립 후 서울에 사무소를 두고 '사단법인 왕인박사현창협회'로 문화공보부장관의 승인을 받아 법정단체가 되었다.(1974년 5월 14일) 현지에 사무소가 없는 불편을 해소하기 위하여 영암군수에게 요청하여 王仁學堂을 왕인박사현창협회 사무소로 배려를 받았다. 그리하여 社團法人 王仁博士顯彰協會 현판식을 가졌다.(2007년 5월 22일)

왕인박사현창협회의 사무소는 등기부상 서울로 되어 있어 왕인박사유적지인 군서면 동구림리 산18번지로 문화관광부장관의 승인을 받아 변경등기를 완료하였다.(2007년 7월 16일)

왕인박사에 대한 관심 있는 인사들의 참여 기회를 확대하고 왕인박사현창협회의 활동을 뒷받침하며 자문에 응하게 하기 위하여 20명 이내의 자문위위원제도를 신설하여 운영하고 있다.

왕인박사현창협회가 조직기반을 튼튼히 하면서 자율적으로 운영해 나가기 위한 방책으로 기금 1억원 조성계획을 수립하여 2023년 12월 31일에 목표를 달성하였다. 기금은 특별계정으로 정기예금을 하고 이자는 경상지출을 할 수 있도록 운영하고 있다.

왕인박사 연구기능의 강화

왕인박사에 대한 지속적 연구를 위하여 왕인문화연구소를 부활하고 대한민국학술원 회원 박광순 교수를 소장으로 선임하였다. 이어서 임영진 교수, 다음은 정성일 교수가 소장직을 담당하고 있다.

박광순 소장과 함께

왕인박사현창협회는 전라남도와 영암군의 지원을 받아 왕인박사연구업무를 능동적으로 지원하는 책무를 지고 있다.

왕인문화연구소는 자율적으로 연구과제를 선정하고 연구학자들과 함께 한·일현지조사, 자료수집과 연구, 학술발표, 책자 발간 등 업무를 활발하게 전개하고 있다.

지금은 영암군의 지원을 받아 매년 봄에 학술강연회, 가을에 학술회의를 개최하고 있다. 전국의 석학들이 참여하여 왕인박사 연구의 성과를 드높이고 있다.

왕인박사의 영암 구림출신 기록으로 이병연의 『조선환여승람(朝鮮寰與勝覽)』(1937년), 영산포 본원사 주지 아오키 게이

쇼(靑木惠昇)의 「왕인박사 동상 건립계획안」(1932년)이 있었다.

할술회의를 통해 발표된 성과에 따르면 1927년 『신민(新民)』 잡지에 『영암행(靈巖行)』을 쓴 안동출신 권현섭이 왕인박사가 영암출신이라는 전언을 기록하였고, 전남유림들이 조직한 전남유도창명회(全南儒道彰明會)에서 1925년 1월 10일자로 발간한 『창명(彰明)』 5호(號)에 왕인박사의 영암거주설을 기술하고 있다. 왕인박사의 영암출신 기록을 수년 앞당긴 것이다. 자료발굴과 연구가 꾸준히 이어져야 할 것이다.

그간 중요 연구실적을 집대성한 『왕인박사 연구(王仁博士 研究)』(2012년), 『왕인박사(王仁博士)』(2022년), 『왕인박사 시기의 한·일 교류 고고학』(2023년) 그리고 왕인박사유적지를 정비한 발자취를 기록한 『왕인묘지(王仁廟誌)』-왕인박사유적지정화기(王仁博士遺蹟址淨化記 2024년) 등 많은 서책을 발간하였다.

왕인박사현창협회의 회지이면서 역사서인 『성기동(聖基洞)』 창간호(1986년 10월 10일)가 발간된 후 중단되어 관련 기록의 연속성이 상실되었다. 왕인문화연구소는 『聖基洞』 속간(2009년 10월 5일)을 시작으로 매년 발간하여 역사적 기록을 하고 있다.

그간 왕인박사와 관련한 자료가 많이 축적되었다. 그러나 자료관이 없어 분산되어 왕인박사 연구학자들의 자료활용에 어려움이 있고 자료 유실의 우려가 있다. 왕인박사현창협회에서는 영암군의 지원을 받아 자료관 건립을 추진해 왔다.

자료관 건립예정지가 국립공원 내에 위치하고 있어 국립공원 해제 절차를 받아 자료관 부지가 확정되었다. 자료관이 완공되면 왕인박사 관련 자료가 집중되어 학자들이나 관심있는 인사들의 활용에 크게 기여할 것이다. 자료관에는 효과적인 관리를 위하여 학예사를 배치해야 할 것이다.

왕인박사 관련 자료와 연구 성과를 유효하게 활용할 수 있도록 시대의 흐름에 맞추어 데이터베이스 작업을 마쳐 활용되고 있다.

행정기관과 협조 강화, 민간교류 활성화

왕인박사현창협회의 업무는 영암군의 업무라 할 수 있다. 그러므로 영암군과의 협조관계를 강화할 필요가 있다.

왕인박사현창협회는 행정기관에서 시행하기 어려운 분야인 전통의례, 연구업무와 학술회의, 연구서 발간 등을 담당하여 수행하고 있다.

또한 왕인박사와 관련된 사안에 대하여 행정기관에 의견을 제시하는 역할을 하고 있다. 왕인문화연구소에서 재일(在日)왕인박사유적지 답사 시(2008년) 왕인박사가 일본에 가지고 간 종요천자문(鍾繇千字文) 왕희지(王羲之) 글씨를 수집하였다. 이를 계기로 왕인공원 천인천자문비 옆에 종요천자문비 건립을 건의하여 이루어졌다.

　영암 구림 성기동은 왕인박사가 출생하여 수학한 곳이고 일본 히라카다시(枚方市)는 활동지이며 왕인묘(王仁墓)가 자리하고 있다. 간자키시(神崎市)는 왕인박사의 도일 경유지로 알려져 있다.
　영암에서는 벚꽃이 현란하게 만발하는 봄에 왕인문화축제가 개최되어 왕인춘향제가 열린다. 일본 히라카다시에서는 가을(11월 3일)에 묘전제(墓前祭)가 개최된다. 왕인문화축제 때는 히라카다시, 오사카일한친선협회(大阪日韓親善協會), 왕인총환경수호회(王仁塚環境守護會)와 간자키시 임원진이 참석하여 왕인춘향제를 함께 모시며 왕인박사를 기린다. 일본 왕인묘전제 때에는 영암군과 왕인박사현창협회에서 참여한다. 이때 왕인천만궁(王仁天滿宮)과 왕인박사현창공원이 있는 간자키시도 방문한다.
　나는 오사카일한친선협회가 주관하는 왕인묘전제에 참석하여 히가시스가하라소학교(東管原小學校) 학생들이 또렷한 한국어로 '고향의 봄'을 합창할 때 가슴이 뭉클해지고, 한복차림의 교포여성 헌다관(獻茶官)이 고려차(高麗茶)를 올릴 때 숙연해진다.

　왕인총환경수호회는 왕인박사 묘역을 관리한다. 묘원에 무궁

화도 심고 정화하면서 방문객 안내도 한다. 왕인박사와 관련된 일본과 한국의 기록을 꾸준히 축적하여 왕인박사현창협회에 제공하기도 한다.

영암군에서 전달한 종요천자문 전문을 쓴 현판은 전왕인묘(傳王仁墓) 백제문 좌측 출구 벽에 걸어두고 있다.

왕인총환경수호회 요시토매 가즈오(吉留一夫) 사무총장은 사진작가로서 카메라를 메고 1985년 왕인박사유적지정화사업이 착공되자 아마도 왕인박사유적지를 답사하고, 도지사실을 방문하여 환담을 나눈 바 있다.

간자키시에서는 왕인박사 도래지 표지인 왕인박사상륙전승지지(王仁博士上陸傳承之地) 기념비(2012년)를 세우고 왕인박사현창공원(2018년)을 조성하였으며 수시 왕인박사유적지를 방문하고 있다.

왕인박사현창공원 조성 시 천자문비는 종요천자문으로 하는 것이 좋겠다는 자문에 따라 일본·한국인들이 한자씩 쓴 종요천자문비가 우람하게 펼쳐져 있다. 왕인박사현창공원의 백제문(百濟門)은 영암군에서 지원하여 건립했으며 성기동 왕인공원의 왕인문(王仁門)은 간자키시에서 세워 우의를 두텁게 하고 있다. 왕인박사현창공원 개원식에는 영암군과 왕인박사현창협회에서 참석하여 역사적 의의를 되새겼다.

왕인박사를 매개로 한국·일본의 친선교류가 활발하게 전개되고 있으며 지속적으로 이루어져 왕인박사의 문화적 격위(格

位)를 드높여야 할 것이다.

　위와 같은 기조(基調) 하에 전무이사, 왕인문화연구소장을 주축으로 왕인박사현창협회 임원진과 회원이 왕인박사의 위업선양(偉業宣揚)이라는 한마음으로 봉사하고 있으며 이 일은 연면히 이어가야 할 것이다. 나는 그 일원으로 마지막 직함인 왕인박사현창협회 회장으로서 작은 힘을 보탤 수 있는 것을 영광으로 생각한다.

| 전석홍 연보 |

1934. 1.13　　　　　　　　전라남도 영암군 서호면 장천리(장동) 712번지 출생
1942. 3.　~ 1948. 7.　　　장천초등학교 졸업
1948. 9.　~ 1951. 7.　　　목포공업중학교 전기과 졸업(3년)
1951. 9.　~ 1954. 3.　　　목포고등학교 졸업
1954. 4.　~ 1958. 2.　　　서울대학교 문리과대학 정치학과 졸업(학사)
1961.12. 8　　　　　　　　제13회 고등고시 행정과 합격
1962. 8. 6 ~ 1969. 5.25　 전라남도 수습행정사무관,
　　　　　　　　　　　　　개간간척과장, 관광운수과장, 재정과장
1964. 2. 2　　　　　　　　양희복과 결혼, 2남(우진,혁진) 2녀(주혜,주연)를 둠
1969. 5.26 ~ 1970. 6.19　광산군수
1970. 6.20 ~ 1971. 8.20　영광군수
1971. 4. 3　　　　　　　　예비군포장 수령
1971. 8.21 ~ 1973. 1.31　내무부 지방국 지역개발담당관실 도시개발관
1972. 3.　~ 1974. 2.26　 서울대학교 환경대학원 도시및지역계획학과 졸업(석사)
1973. 2. 1 ~ 1973.8.22 　 내무부 지방국 도시지도과장
1973. 8.23 ~ 1973.12.23　내무부 지방국 지방감사담당관
1973.12.24 ~ 1974.11.12　내무부 지방국 행정과장
1974.11.13 ~ 1975.11.12　내무부 지방국 새마을담당관
1975.11.13 ~ 1977. 7.19　광주시장
1977. 9. 5 ~ 1978. 7.18　국방대학원 안전보장과정 수료
1978. 8. 2 ~ 1980. 8.17　충청북도 부지사

1979.12.29	체육포장 수령
1980. 8.18 ~ 1981. 6.24	내무부 지방개발국장
1981. 6.25 ~ 1882. 1.12	내무부 지방재정국장
1982. 1.13 ~ 1982. 5.30	내무부 지방행정국장
1982. 5.31 ~ 1984.10. 9	내무부 차관보
1983.12.15	홍조근정훈장 수령
1984.10.10 ~ 1988. 2.24	전라남도 도지사
1988. 2.25 ~ 1988.12. 5	국가보훈처 처장(장관)
1989. 1.11 ~ 1990. 7.	민주정의당 국책평가위원
1989.	去思碑 건립(광주향교, 광주공원)
1990. 6.30	청조근정훈장 수령
1990. 6.26	去思碑 건립(영암향교)
1990. 7. ~ 1993.10.17	민주자유당 정책평가위원
1991. 3. ~ 1994. 8.20	한양대학교 대학원 행정학박사 취득
1993.10.18 ~ 1996. 4.	민주자유당 국책자문위원
1994. 7. 1 ~ 1996. 6.30	성균관 고문
1994. 9. ~ 1995. 4.	한양대학교 행정대학원 강의
1995. 1.25	『소도읍개발론』 발간
1995. 6.27	민주자유당 전라남도 도지사 후보
1996. 5.30 ~ 2001. 5.29	제15대 국회의원(전국구)
1996. 7. ~ 1998. 4.	국회내무위원회 위원
1996. 7. ~ 2000. 5.	국회예산결산특별위원회 위원
1996. 7. ~ 2000. 5.	한일의원연맹 상임간사
1997. 1. ~ 1997.11.	신한국당 전남도지부 위원장
1997. 1. ~ 1997.11.	신한국당 장흥·영암지구당 위원장
1997. 1. ~ 1997.11.	신한국당 당무위원
1997.11. ~ 2004. 3.29	한나라당 전남도지부 위원장

1997.11.　～2004. 3.29	한나라당 장흥·영암지구당 위원장
1997.11.　～2003. 5.	한나라당 당무위원
1997. 9.　～1997.12.18	한나라당 제15대 대통령선거 전라남도 선거대책위원장
1998. 5.　～1998. 8.	국회농림해양수산위원회 위원
1998. 9.　～2000. 5.	국회행정자치위원회 위원
2000. 3.　～2000.12.	한양대학교 자치대학원 강의
2001. 5.10～2003. 8.	한나라당 국책자문위원장
2002. 6.27～2002. 9.11	한나라당 대통령선거기획단 기획위원
2002. 9.12～2002.12.19	한나라당 제16대 대통령선거 중앙선거대책위원회 대선기획단 기획위원
2002. 9.12～2002.12.19	한나라당 제16대 대통령선거 전라남도 선거대책위원장
2003. 6.　～2004. 3.28	한나라당 운영위원
2004. 3.29	정계은퇴
2004. 6. 6	《현대문예》로 시 등단
2004.12. 3	『담쟁이 넝쿨의 노래』(시집) 발간
2006. 9. 1	김남조 선생님 추천으로《시와시학》등단
2006.12.11～현재	(사)왕인박사현창협회 회장
2006.12.30	『자운영 논둑길을 걸으며』(시집) 발간
2007.10.10～2007.12.19	한나라당 제17대 대통령선거 전라남도 선거대책위원회 위원장
2007. 7.22	제10회 '한국크리스천문학상' 시 금상 수상
2008. 8.20～2013.10.10	(재)여의도연구소 이사장
2009.11.30	『내 이름과 수작을 걸다』(시집) 발간
2012. 7.17	상대포에 翠石樓(翠石-전석홍 아호) 건립(영암군)
2012.11.20	『시간 고속열차를 타고』(시집) 발간
2013. 4.26	영랑시문학상 특별상 수상
2013.11.11～2015. 6.25	(재)여의도연구원 상임고문

2015. 4.15	「배롱나무」 시비 건립(장동마을)
2016. 5.10	『괜찮다 괜찮아』(시집) 발간
2016.10.27	「독천장 가는 길」 시비 건립(영암읍 기찬랜드)
2018. 6. 5	현대문예문학상 수상
2018.12.20	『원점에 서서』(시집) 발간
2019.10.30	『의병장 전몽성과 형제들』 발간
2020.12.25	『상수리나무 교실』(시집) 발간
2021. 4.13	농민문화상 수상
2021. 6. 1	『내 마음의 부싯돌』(시선집) 발간
2021.11.25	광주광역시문화예술상 정소파문학상 본상 수상
2022. 5.30	『왕인박사유적지정화와 왕인박사현창협회』 발간
2022.12. 5	『농기구열전』(시집) 발간
2023. 9.20	『한 그루 나무를 키우기 위해』(시집) 발간
2024. 7.18	『삶에 수평선 하나 띄워 두고』(산문집)
2025. 9.30	『삶은 선택의 과정이다』

| 펴낸 책자 |

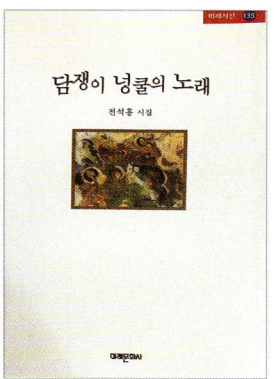

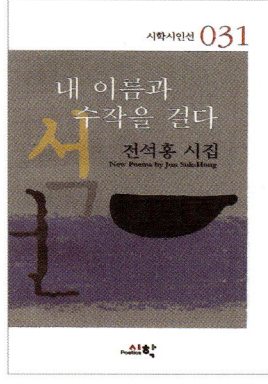
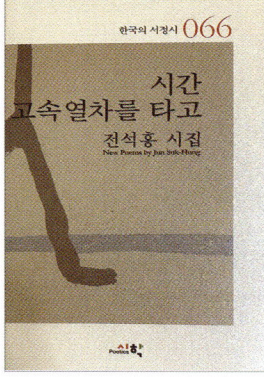

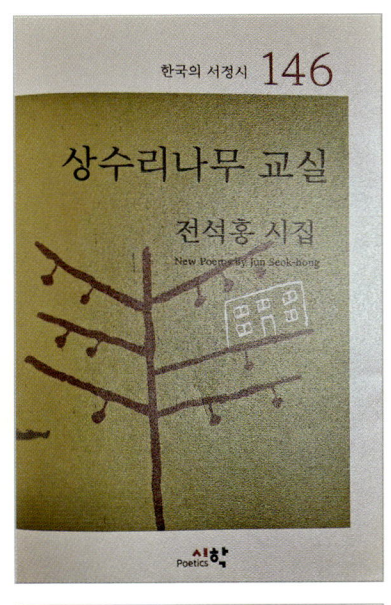
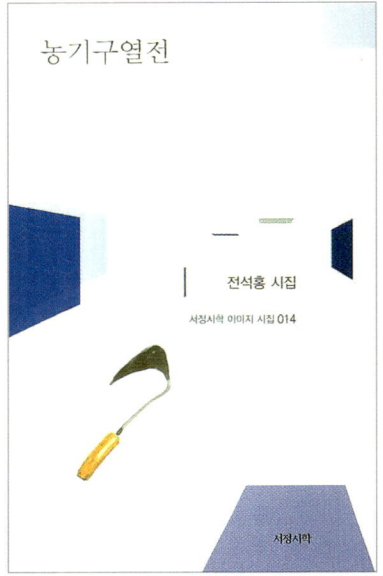

전석홍 자서전

삶은 선택의 과정이다

초판인쇄   2025년 09월 15일   초판발행 2025년 09월 30일

지은이　**전석홍**
펴낸이　**이혜숙**　　펴낸곳 **신세림출판사**
등록일　1991년 12월 24일 제2-1298호

04559 서울특별시 중구 퇴계로49길 14,
충무로엘크루메트로시티2차 1동 720호
전화 02-2264-1972 팩스 02-2264-1973
E-mail : shinselim72@hanmail.net

정가 **20,000원**

ISBN 978-89-5800-288-8, 03810